Im sechsten Band der Reihe Passagen Gespräche setzen Alain Badiou und Peter Engelmann auf kontroverse Weise ihre 2012 begonnene Diskussion über die Idee des Kommunismus, ihre Potenziale und Gefahren sowie ihre Bedeutung für die drängenden politischen Fragen der Gegenwart fort. War der erste Band der Reihe Passagen Gespräche den philosophischen Grundlagen der kommunistischen Hypothese Badious gewidmet, so nimmt dieser Band nun konkret Bezug auf die aktuelle politische Weltlage. Dabei wird die Gültigkeit und Anwendbarkeit von Badious Thesen angesichts von Problemen wie Migration, islamistischem Terrorismus und dem wiederauflebenden Nationalismus in Europa auf die Probe gestellt. Im Streitgespräch legt Badiou seine Überzeugung dar, dass die politischen Herausforderungen unserer Zeit nur mithilfe einer solidarischen Überbrückung jener Gräben gemeistert werden können, die die verschiedenen Nationen und Klassen heute schärfer denn je voneinander trennen. Nur eine Politik, die sich als Politik aller Menschen versteht und nicht im Namen der Interessen einer Einzelgruppe agiert – sei es nun einer Nation, Religion oder Wertegemeinschaft –, kann die Welt aus der aktuellen Krise des globalisierten Kapitalismus herausführen.

Alain Badiou, ehemaliger Maoist und politischer Aktivist, ist Philosoph, Mathematiker und Romancier in Paris.
Peter Engelmann ist Verleger, Philosoph und Herausgeber zahlreicher Texte der französischen Philosophen der Postmoderne und der Dekonstruktion.

FÜR EINE POLITIK DES GEMEINWOHLS

PASSAGEN GESPRÄCHE

Alain Badiou
Für eine Politik des Gemeinwohls

Im Gespräch mit Peter Engelmann

Aus dem Französischen von
Martin Born

Herausgegeben von
Peter Engelmann

Passagen Verlag

Deutsche Erstausgabe
Aus dem Französischen von Martin Born

Realisiert mit freundlicher Unterstützung der Kulturabteilung der Stadt Wien, MA 7, Wissenschafts- und Forschungsförderung.

Die Deutsche Bibliothek verzeichnet diese Publikation in der Deutschen Nationalbibliografie; detaillierte bibliografische Daten sind im Internet über http://www.dnb.de/ abrufbar.

ISBN 978-3-7092-0247-0

http://www.passagen.at
Grafisches Konzept: Ecke Bonk, Gregor Eichinger
Fotografien: Passagen Verlag
Satz: Passagen Verlag Ges. m. b. H., Wien
Druck: Ferdinand Berger & Söhne GmbH, 3580 Horn

Inhalt

Vorwort des Herausgebers 11

Erstes Gespräch

Die Situation der Linken heute und die Notwendigkeit einer Alternative 19

Der demokratische Diskurs 35

Kommunismus als moderne Politik? 49

Zweites Gespräch

Der neue Imperialismus 63

Politik der Identität 75

Das Prinzip des Gemeinwohls oder: Jenseits der Ökonomie 89

Nachtrag 103

Anmerkungen 117

Vorwort des Herausgebers

Bei unserer letzten öffentlichen Diskussion, im Dezember 2016 in der Gessnerallee in Zürich, erwiderte Alain Badiou auf meine wiederholten Einwände gegen seine Forderung, die Idee des Kommunismus als Antwort auf die imperialistische Entwicklung des globalisierten Kapitalismus zu revitalisieren, er verstünde sie aus meiner Biographie heraus. Nach der Veranstaltung löste gerade diese Stelle sehr kontroverse Diskussionen aus. Was manche für eine freundliche Entgegnung hielten, verstanden andere als übergriffige Argumentation, die meine Argumente allein meiner subjektiven Erfahrung zuschrieb und seine Position dagegen als allein philosophische, ja nach seinem Philosophieverständnis als allein wissenschaftlich begründete Argumentation, mit einem objektiven Wahrheitsanspruch versehen, erscheinen ließ.

Ich glaube nicht, dass Badious Antwort übergriffig sein wollte, denn trotz fundamental unterschiedlicher Positionen, haben wir im Lauf der Jahre eine respektvolle Gesprächskultur entwickelt und pflegen diese bewusst. Denn wir verfolgen gemeinsam das Ziel, unsere Gesellschaft so zu verbessern, dass sie nicht für einige wenige paradiesisch ist, sondern für alle lebenswert. Wir wissen voneinander, dass wir mit dem gleichen Abscheu auf viele Entwicklungen unserer Welt schauen, auch wenn wir sie unterschiedlich verstehen und unterschiedliche Vorstellungen haben, was wir tun können und müssen, damit sich die Lage der hungernden und unterdrückten Menschen auf diesem Planeten zum Besseren wenden könnte.

Unser oben beschriebener Dissens ist keine Marginalie. Denn nach nun schon vielen Diskussionen mit Alain Badiou, sind wir immer wieder an den gleichen Punkt gekommen, an dem sich unser unüberbrückbarer Dissens über die kommunistische Alternative zeigt. Und das geschieht auch im vorliegenden Buch. Es ist eben nicht nur eine Frage der persönlichen Erfahrung, sondern genauso Resultat meiner Analyse totalitärer Denk-, Sprach- und Handlungsstrukturen, die meine Ablehnung der kommunistischen Alternative begründet – siehe dazu meine Bücher über Dialektik (Hegel) und Dekonstruktion (Derrida). In unserer asymmetrischen Gesprächssituation, die darauf ausgerichtet ist, die Argumentationen Alain Badious dem Zuschauer im Theater oder dem Leser dieser Gesprächsbücher vorzustellen, geht es jedoch nicht um die Begründung meiner Position, sondern eben darum, die Position meines Gesprächspartners möglichst deutlich und verständlich zu machen; was mich im Interesse der Zielstellung unseres Gesprächs zu einer gewissen Zurückhaltung zwingt. Zugleich muss ich aber auch meine Position im Rahmen meiner Funktion als einladender Gesprächspartner wenigstens zurückhaltend kenntlich machen, denn dadurch treten auch die Argumente Alain Badious deutlicher hervor.

Das vorliegende Buch bietet aber sehr viel mehr als den Dissens über die Reaktivierung der Idee des Kommunismus. Denn seit Erscheinen unseres letzten Gesprächsbuches *Philosophie und die Idee des Kommunismus* 2014, hat sich die krisenhafte Entwicklung unserer Welt rasant zugespitzt. Der IS-Terror in Frankreich und jetzt auch in Berlin zwingt unsere westlichen Demokratien zunehmend in die Rolle von Überwachungsstaaten, die unsere Persönlichkeitsrechte immer mehr aushöhlen. Nationalistische und populistische Parteien gewinnen als Antwort auf den hohen Migrationsdruck enorm an Zuspruch und werden zu politischen Faktoren mit der Möglichkeit, unsere Gesellschaften nachhaltig zu verändern. Die Türkei und Russland entwickeln sich zu autokratisch regierten Ländern und die Präsidentschaft von Trump erfüllt viele Menschen mit Sorge darüber, ob die Institutionen der amerikanischen Demokratie seinem Angriff standhalten. Die Schere zwischen Armen und Reichen, sowohl im nationalen Maßstab als auch im Ländervergleich, geht auf groteske Weise immer weiter auseinander. Die Einkommen der politischen Klasse, der hohen Bürokratie und der Manager sind auf nicht mehr nachvollziehbare Höhe gestiegen und steigen noch immer weiter, während normale, ehemals mittlere Einkommen stagnieren oder sinken. Keine der privilegierten Gruppen muss jedoch fürchten, in gleichem Ausmaß ihrer exorbitanten Einkommen und Privilegien für Fehlentscheidungen oder gesellschaftlichen Schaden, den sie anrichten, zur Verantwortung gezogen zu werden. Lange Zeit schien sich das Elend auf die Dritte Welt zu konzentrieren, doch nun kommt die Dritte Welt zu uns, und die sinkenden Löhne und reduzierten Einkommensmöglichkeiten im Gefolge der Globalisierung erzeugen auch in den westlichen Gesellschaften Abstiegsängste und beschleunigen den realen Abstieg.

Für Badiou gibt es im Zeitalter des heutigen globalisierten Kapitalismus, mit seiner im globalen Maßstab arbeitsteiligen Produktion und der weltweiten Vernetzung der Information durch das Internet, keine nationalen

Lösungen mehr. Weil im globalisierten Kapitalismus die Nationen und die Staaten gegenüber transnationalen Konzernen an Bedeutung verlieren, muss der Widerstand gegen den Kapitalismus per definitionem ebenfalls global sein. Von diesem Gedanken aus entwickelt Badiou nicht nur seine Konzepte des Widerstandes, sondern hier kann er auch an die Marxsche Revolutionstheorie direkt anschließen, die immer davon ausging, dass ihr Programm nur im internationalen Maßstab und nicht in den Grenzen einzelner Staaten verwirklicht werden könne.

Vom Marxschen Vier-Punkte-Programm zur Realisierung des Kommunismus wurde, so legt Alain Badiou gleich zu Beginn dieses Gesprächsbandes dar, nur der erste Punkt, die Abschaffung des Privateigentums, teilweise verwirklicht. Die anderen drei Punkte, die vollständige Transformation der Logik der Arbeitsteilung, der Internationalismus und das Absterben des Staates dagegen nicht. Die Aufgabe weltverbessernden Handelns besteht für ihn daher darin, sich den alten Plan wieder zu eigen zu machen und ihn vollständig zu realisieren. Auf die vielen unterschiedlichen, aber alle dem heutigen globalisierten Kapitalismus geschuldeten Probleme gibt Badiou auch hier seine gleichbleibende Antwort. Eine Verbesserung der Zustände, eine bessere Welt für die Mehrheit der Menschen könnten wir nur erreichen, wenn wir die kommunistische Hypothese wiederbeleben und das kommunistische Programm, wie es Marx entwickelt hat.

In diesem Buch kommen zu dieser allgemeinen These aber konkrete Analysen der neusten Entwicklungen des globalisierten Kapitalismus hinzu, dazu zählen der Terror des IS wie auch der immer stärkere Zulauf zu populistischen Rechtsparteien. In der Analyse dieser Phänomene entwickelt Badiou seine kommunistische Hypothese weiter und versucht, Akteure und Programme für ihre Realisierung zu benennen. Für Badiou ist die Wiederbelebung der kommunistischen Hypothese, so wie er sie versteht, der einzige erfolgsversprechende Weg, unsere Welt verbessern zu können. Ob sie vor dem Hintergrund der historischen Erfahrung mit der realen kommunistischen Bewegung vertretbar ist, muss jeder Leser für sich entscheiden. In unserem hier vorliegenden Gespräch haben wir diese Frage unterschiedlich beantwortet, auch wenn beide Gesprächspartner die Dringlichkeit von Veränderungen gleichermaßen unterstreichen.

Ich möchte abschließend nicht versäumen, mich bei Alain Badiou für die fortdauernde Gesprächsbereitschaft zu bedanken. Für die Übersetzung und das engagierte Lektorat bedanke ich mich bei Martin Born. Außerdem danke ich Marie-Christine Baratta-Dragono für ihre Unterstützung beim Lektorat der französischen Transkription.

Peter Engelmann

Erstes Gespräch

Die Situation der Linken heute und die Notwendigkeit einer Alternative

Peter Engelmann: Das Ergebnis unserer ersten Diskussion war vor nunmehr fünf Jahren unser Buch *Philosophie und die Idee des Kommunismus.* Seitdem haben sich die Probleme des globalisierten Kapitalismus, den Du als Ursache der großen Krisen unserer Zeit siehst, enorm verschärft. Die Schere zwischen Arm und Reich wird immer größer, wir haben den Krieg in Syrien, den IS-Terrorismus in Europa, sowohl Kriegsflucht als auch Armutsmigration als Folgen dieser Entwicklungen und im globalen Maßstab einen immer stärkeren Rechtspopulismus und Nationalismus. Wie kann eine linke Politik angesichts dieser neuen politischen, ökonomischen und sozialen Entwicklungen des globalisierten Kapitalismus aussehen? Und wo steht die Linke in einer Situation, in der in Europa als Reaktion auf diese Entwicklungen ein Erstarken rechter Politik zu beobachten ist? Gilt Deine Antwort von vor fünf Jahren heute genauso?

Alain Badiou: Zunächst möchte ich anmerken, dass die Globalisierung des Kapitalismus gar keine so neuartige Entwicklung ist. Marx war schon vor langer Zeit der Ansicht, dass der Weltmarkt den natürlichen Raum bilde, in dem sich die Entwicklung des Kapitalismus vollziehe. Immerhin hat sich der imperialistische Kapitalismus schon sehr früh über die ganze Welt ausgebreitet. Man kann sagen, dass am Ende des 19. Jahrhunderts der Großteil des Planeten von den Engländern, den Franzosen, den Holländern, den Russen und so weiter besetzt war. Ich glaube eine Ausnahme bildet vor allem die Zeit nach dem Zweiten Weltkrieg. Wir haben in diesem Zeitraum eine ganz bestimmte Situation, die sich erstens dadurch auszeichnet, dass es einen objektiven Gegenpol zum Kapitalismus gibt, zweitens dadurch, dass – insbesondere in Europa – zahlreiche starke kommunistische Parteien existieren und drittens durch die Tatsache, dass die Bourgeoisie in einigen europäischen Ländern diskreditiert ist, weil sie mit dem Nationalsozialismus kollaboriert hat. Das war offensichtlich in Frankreich der Fall, aber auch in vielen anderen Ländern. Der Kapitalismus und die Bourgeoisie geraten in dieser Situation in die Defensive, besonders in Europa. Die Folgen dieser defensiven Position sind Sozialreformen und steigende Gehälter – also letztlich Zugeständnisse an die Gewerkschaften; eine Entwicklung, die schon infolge der Krise von 1929 begonnen hatte, insbesondere mit den großen Reformen Roosevelts. Wir haben also einen historischen Zeitraum von 50 Jahren, der sich in etwa von den 30er bis in die 80er Jahre erstreckt, in dem die natürliche Entwicklung des Kapitalismus unterdrückt wird, und zwar von Phänomenen, wie dem Erscheinen heterogener Politiken – faschistischer oder kommunistischer Prägung –, dem Ausbruch der Weltkriege mitsamt ihren Konsequenzen und einer vollkommen aus dem Gleichgewicht geratenen Weltlage. Seit den 80er Jahren können wir dagegen eine Rückkehr zur Normalität beobachten. Und zwar deswegen, weil das kommunistische Experiment in den sogenannten „sozialistischen Staaten" misslungen ist, übrigens sowohl in Russland als auch in China. In der Folge haben die einst mächtigen kommunistischen Parteien beträchtlich an Einfluss verloren, sodass sich praktisch auf der ganzen Welt die Idee durchgesetzt hat, dass der Kapitalismus unvermeidlich sei, dass er die natürliche Form sei, eine Gesellschaft zu organisieren.

Die Linke steht in diesem Moment vor einer Herausforderung: Entweder man muss schließlich zu der Überzeugung gelangen, dass der Kapitalismus die natürliche Form ist, wie die Dinge sich entwickeln und versuchen das zu verwirklichen, was ich einen „Kapitalismus mit menschlichem Antlitz", einen „akzeptablen Kapitalismus" nennen würde oder man sieht im Gegenteil ein, dass man kehrtmachen und mit allen Mitteln versuchen muss, eine wirklich alternative Hypothese zum Kapitalismus zu rekonstruieren: eine Gesellschaftsform deren Gesetze und deren interne Konstitution sich vollkommen von denen des Kapitalismus unterscheiden. Wenn man heute von linker Politik spricht, muss man also zunächst klarstellen, was man unter linker Politik versteht; ob man darunter im Grunde die Akzeptanz des Kapitalismus versteht, im Austausch für einen relativen politischen Frieden, für eine Demokratie, in der abweichende Meinungen wenigstens einigermaßen toleriert werden – das heißt eine Gesellschaftsform, die zumindest nicht faschistisch, militaristisch oder diktatorisch ist –, das wäre die erste Alternative. Die zweite Alternative dagegen führt uns zurück zu unseren Vorfahren, zum Marx der 1840er Jahre oder sogar in die Jahre um 1910, das heißt zu dem Zeitpunkt, wo der triumphierende Kapitalismus wirklich gesiegt zu haben schien: zur Epoche der weltweiten Herrschaft des imperialistischen Kapitalismus. Insbesondere nach der Zerschlagung der Pariser Kommune erschien der Kapitalismus als der wahre Sieger der Geschichte. Deswegen muss man das tun, was die Aktivisten damals getan haben: an der Idee einer Alternative festhalten, sie erneuern und neu formulieren, und zwar unter Bedingungen, über die wir in der Tat noch sprechen werden. Diese Alternative nannte man im 19. und 20. Jahrhundert „Kommunismus". Aus meiner Sicht gibt es keinen Grund, ihren Namen zu ändern, man sollte vielmehr die Inhalte und die Lösungsvorschläge überdenken.

Peter Engelmann: Seit dem Fall der Mauer '89 hat der Kapitalismus sein Gegengewicht verloren. Was das Denken einer Alternative erschwert, ist die Erinnerung an das, was im Namen der Verwirklichung einer linken Alternative seit der Oktoberrevolution in den sozialistischen Staaten geschehen ist.

Alain Badiou: Natürlich, eine der fundamentalen Aufgaben der Linken heute ist es, die Bilanz aus dieser Periode zu ziehen. Genauso wie man es immer getan hat: Die Bilanz, die man aus den Niederlagen zieht, ist eine Voraussetzung des Sieges – das steht fest. Auch wenn Lenin sich sehr aufmerksam mit den Gründen für das Scheitern der Aufstände des 19. Jahrhunderts, insbesondere mit dem Scheitern der Pariser Kommune, beschäftigt hat, müssen wir uns ernsthaft und in noch größerem Maßstab mit der Bilanz der sozialistischen Staaten befassen. Es ist völlig klar, dass für mich das erneute Aufgreifen der kommunistischen Hypothese eine sorgfältige, präzise und detaillierte Bilanz dessen voraussetzt, was in den sozialistischen Staaten geschehen ist. Das ist ein absoluter Imperativ. Und wir müssen an diesem Punkt so wachsam, so aufmerksam und so gründlich sein wie nur möglich.

Peter Engelmann: Glaubst du, dass diese Analyse schon gemacht wurde?

Alain Badiou: Noch nicht in ausreichendem Maße. Meiner Meinung nach hat man bislang erst die groben Umrisse herausgearbeitet. Wenn man sich die Dinge genauer ansieht, erkennt man, dass Marx den Kommunismus seinerzeit als Vier-Punkte-Programm angelegt hat.

Der erste ist der bei weitem bekannteste Punkt des Programms. Er zielt darauf ab, die Logik des Profits nicht länger als den einzigen Antrieb der wirtschaftlichen Entwicklung zu begreifen – also letztlich auf die Abschaffung des Privateigentums, des Eigentums der Produktionsmittel und so weiter.

Der zweite betrifft die vollständige Transformation der Logik der Arbeitsteilung: Das bedeutet, sich gegen die Trennung von manueller und intellektueller Arbeit, gegen die gewaltsame Trennung der Aufgaben der Führung und der Ausführung zu stellen sowie gegen die ungleiche Stellung von Männern und Frauen innerhalb der Arbeit und so weiter. Es gab dabei eine große und ganz besonders wichtige Forderung, und zwar: nicht zu akzeptieren, dass die Arbeitsteilung in ihrer modernen Form unvermeidlich sei. Marx sprach in diesem Zusammenhang von der „Notwendigkeit des polymorphen Arbeiters"[1], also davon, dass sich jeder Mensch im gleichen Maße an der Gesamtheit der Arbeiten beteiligen müsse, die für das ökonomische und soziale Leben der Gemeinschaft notwendig sind.

Es gab einen dritten Punkt, der für Marx ebenfalls von fundamentaler Bedeutung war, nämlich dass all das auf internationaler Ebene stattfinden müsse. Anders ausgedrückt: Der Internationalismus war keine äußere Zutat, sondern eine grundlegende Voraussetzung. Marx hat in Wahrheit niemals daran gedacht, dass sich das besagte Programm nur in einem kleinen Winkel der Welt verwirklichen könnte, selbst wenn es sich dabei um ein Land von der Größe Russlands oder Chinas handelte.

Das führt uns zum vierten Punkt, der aufgrund seiner strategischen Bedeutung keine geringere Wichtigkeit besaß, und zwar zu der Idee, dass eben aufgrund der Notwendigkeit einer weltweiten, globalen Regierung ein Absterben der Staaten unvermeidlich sei, das heißt ein Absterben der juristisch und militärisch voneinander getrennten Nationalstaaten; auf diesen Punkt bezog sich auch die Marxsche Formulierung: „Die Arbeiter haben kein Vaterland"[2] – folglich haben sie auch keinen Staat. Das ist es, was man das „Absterben des Staates" nennt. Das war eine ganz grundlegende These des revolutionären Marxismus.

Was ist also passiert? Wenn man sich zum Beispiel die Geschichte der Sowjetunion anschaut, sieht man, dass der erste Punkt des Programms zumindest zum Teil realisiert wurde; das heißt, es kam zur Abschaffung des Privateigentums und zur Kollektivierung der Produktionsmittel, jedoch in einer Form, die ganz und gar nicht der entsprach, die Marx sich vorgestellt hatte, denn letztlich lief es auf ein absolutes staatliches Eigentumsmonopol hinaus. Aber das ist nicht das, was mit dem Ausdruck „Gemeineigentum" gemeint war; das heißt, auch wenn die Arbeiter in den Fabriken das Gefühl hatten, die Produktion zu kontrollieren, war die Form des Eigentums in Wirklichkeit eine autoritäre, die sich ihrem Einfluss entzog.

Also gut, der erste Punkt des Programms wurde also realisiert, allerdings unter Bedingungen, die schon etwas zweifelhaft waren. Aber bezüglich der anderen drei Punkte wurde so gut wie gar nichts unternommen! Es ist wichtig, sich das vor Augen zu führen. Die Hierarchisierung der Arbeitsprozesse wurde beibehalten und in mancherlei Hinsicht sogar noch verstärkt. Lenin selbst war in diesem Punkt nicht ganz unschuldig, denn er war besessen von der Effektivität der kapitalistischen Ökonomie und dachte, dass man auf Experten und autoritäre Führung absolut nicht verzichten könne. Daher wurde von diesem Punkt, der

Transformation der Arbeitsteilung, fast nichts umgesetzt. Auch vom vierten Punkt – dem Internationalismus – wurde in Wahrheit nur sehr wenig realisiert, weil die nationalen Interessen für die sowjetische Führung schon sehr früh eindeutige Priorität besaßen, während man in dem, was man „Internationalismus" nannte, vorwiegend eine Rückendeckung der nationalen Interessen der Sowjetunion sah. Die Internationale, die ja existierte, stand im Dienste der Sowjetunion, die man übrigens als „Vaterland des Sozialismus" bezeichnete. Dieser Ausdruck ist natürlich paradox, wenn man bedenkt, dass Marx geschrieben hat: „Die Arbeiter haben kein Vaterland". Von einem „Vaterland des Sozialismus" zu sprechen, ist also vollkommen inkohärent. Schließlich zum letzten Punkt: Nicht nur wurde hier nichts unternommen, sogar das Gegenteil war der Fall. Das heißt, man hat pausenlos die Privilegien des Staates gestärkt, seinen separatistischen Charakter, seinen intransparenten Charakter, seinen despotischen Charakter und schließlich seinen terroristischen Charakter, wobei ich hinzufügen muss, dass die terroristischen Praktiken des Staates auch noch dadurch gerechtfertigt wurden, dass sie der Beschleunigung der Wirtschaft dienen sollten, damit man, der Logik des Kapitalismus gemäß, im Wettbewerb mit diesem bestehen konnte.

Wenn man mit dem Kapitalismus konkurrieren will, ist es schwer, sich grundlegend anders zu verhalten, und zudem ist man gezwungen außerordentlich brutale Methoden anzuwenden. Folglich ist der generelle Rahmen der Bilanz, die man aus den Erfahrungen der sozialistischen Staaten ziehen kann, der, dass sie unterm Strich nur einen kleinen Teil des ersten Punktes des marxistischen Programms repräsentierten – alles weitere bleibt noch zu erfinden.

Peter Engelmann: Gut, wir sind uns soweit einig in der Analyse, dass nur ein kleiner Teil von Marx' Ideen, insbesondere der erste Punkt, realisiert wurde, aber ich frage mich, aus welchem Grund nur ein so kleiner Teil des Programms verwirklicht wurde.

Alain Badiou: Man kann den ersten Punkt des Programms nicht ohne die anderen umsetzen! Da liegt das eigentliche Problem! Die vier Punkte sind nicht unabhängig voneinander. Wenn man die Produktion kollektiviert und dabei die gleichen Formen der Hierarchie, der Befehlsgewalt und der Autorität in den Fabriken beibehält, die im alten System vorhanden waren, kommt man nicht umhin, einen despotischen Staat zu errichten; denn nun ist der Staat der Eigentümer und sieht sich gezwungen, die gleichen Methoden anzuwenden wie zuvor.

Peter Engelmann: Glaubst Du, dass die Umstände für eine Realisierung der anderen Punkte des Marxschen Programms heute günstiger sind? Nehmen wir zum Beispiel den zweiten Punkt: die Arbeitsteilung.

Alain Badiou: Ich sehe zwei Gründe, die dafür sprechen: Erstens sind seit jener Epoche, in der die Arbeitsteilung am stärksten ausgeprägt war, deutliche Fortschritte im Bereich der Bildung zu verzeichnen. Das Bildungssystem hat zwar auch heute erhebliche Schwächen, aber im Vergleich zu den Verhältnissen, die man im vorigen Jahrhundert insbesondere in den ärmeren Ländern vorfinden konnte, hat es sich doch deutlich verändert. Teilweise kommt dadurch eine Krise innerhalb des Kapitalismus selbst zum Vorschein, denn in den ärmeren Ländern gibt es heute viele wirklich gut ausgebildete junge Leute, die keine Arbeit finden. Und das in einem Maße, dass auf der ganzen Welt ein Teil der gebildeten Jugend in die entwickelteren Länder in Europa oder Amerika auswandert. Diese gebildete Jugend birgt meiner Ansicht nach ein revolutionäres Potenzial. Die jungen Leute sind berechtigt, zu erfahren, warum die Ausbildung, die man ihnen vermittelt, in so offenem Widerspruch zum Zustand der Länder steht, in denen sie sich befinden. Die Steigerung des Bildungsniveaus auf globaler Ebene ist folglich ein Faktor, der auf Dauer dem Kapitalismus entgegenarbeitet, wenn es ihm nicht gelingt, das Bildungssystem, das noch aus der vergangenen Epoche stammt, zumindest zum Teil zu zerstören. Ich denke, man sollte dieser Hypothese Beachtung schenken, weil man sieht, dass das Bildungssystem heute in ernstlichen Schwierigkeiten steckt – und hier spreche ich von den entwickelten Ländern, zum Beispiel von Frankreich. Die Bildung ist heute einem viel größeren Kreis von Menschen zugänglich, was natürlich eine positive Entwicklung ist, aber der Preis dafür ist ein Verfall des inhaltlichen Niveaus.

Peter Engelmann: Du denkst an den Bologna Prozess.

Alain Badiou: Genau. Ich glaube, dass dieser erste Faktor heute schon stark umkämpft ist. Übrigens hat der Kapitalismus im Grunde vielleicht gar kein so großes Interesse an einer allgemeinen Erhöhung des Bildungsniveaus; er züchtet Spezialisten heran, die dem System dienen, aber alle andern müssen mit einer mittelmäßigen Bildung vorliebnehmen. Es gibt also bereits einen Kampf – einen politischen Kampf –, was diesen Punkt betrifft.

Der zweite Faktor, der die Voraussetzungen für eine Transformation der Arbeitsverhältnisse verändern könnte, ist der technologische Fortschritt. Denn die neuen Technologien sind sowohl Kommunikationsmittel als auch – in immer stärkerem Maße – Produktionsmittel. Diese Produktionsmittel sind in der Lage, eine große Anzahl von Leuten zu ersetzen, indem sie die elementarsten Arbeiten übernehmen, die bislang noch von Menschen ausgeführt werden. Wenn man sich anschaut, wie die industrielle Produktionskette vor 50 Jahren ausgesehen hat, dann sieht man, dass die Arbeit in viele Teilbereiche zersplittert war, für die es jeweils spezialisierte Arbeiter gab. Heute kann ein Großteil davon mithilfe von Computern erledigt werden, besonders seit dem Aufkommen von 3D-Druckern und dergleichen. Ein weiterer Faktor ist also, dass die untergeordneten Arbeiten mit mechanischen Mitteln oder von Computern ausgeführt werden. Dadurch gerät der Kapitalismus aber auch in eine Krise, denn in Wahrheit hat diese Entwicklung vor allem einen Anstieg der Arbeitslosigkeit zur Folge. Man sieht heute nur deswegen so viele Arbeitsplätze wegfallen, weil die Arbeiter durch Computer ersetzt werden. Man muss sich also überlegen, wie man die Computertechnik so nutzen kann, dass sie eine Transformation der Arbeitsverhältnisse begünstigt, statt Arbeitslosigkeit zu schaffen und ein Arbeitsdefizit zu erzeugen. Und aus einem ganz einfachen Grund kann sich dies nur gegen die Interessen des Kapitalismus richten: Der Kapitalismus kann nur dann Menschen beschäftigen, wenn er aus ihrer Arbeit irgendeinen Mehrwert extrahiert. Wenn aber kein Mehrwert erzeugt werden kann, wird er es immer vorziehen, keine Menschen zu beschäftigen. Wir stoßen hier auf das Problem der Arbeitszeit, ein Problem, das schon Marx seinerzeit beschäftigt hat. Wenn man die Kapazitäten untersucht, die durch die neuen technologischen Entwicklungen, wie die Mechanisierung der Landwirtschaft und so weiter, gegeben sind, kommt man zu dem Schluss, dass die wöchentliche Arbeitszeit heute gut und gerne bei 20 Stunden liegen könnte. Warum liegt sie also bei 35–40 Stunden, und das zum Preis einer enormen weltweiten Arbeitslosigkeit? Weil es zwar für die Produktion ausreicht, die Leute 20 Stunden wöchentlich zu beschäftigen, nicht aber für das Kapital! Das Kapital ist darauf angewiesen, einen Mehrwert zu erpressen. Wenn es möglich wäre, die obligatorische Arbeitszeit beträchtlich zu senken, dann würde das die Nachfrage nach Arbeit entsprechend steigern. Warum wird eine solche Senkung der Arbeitszeit also heute blockiert? Weil die Kapitalisten sich dagegen zur Wehr setzten – selbst gegen die 35-Stunden-Woche haben sie in Frankreich gekämpft! Dabei sind 35 Stunden immer noch viel zu viel! Übrigens weiß ich, dass man selbst in Frankreich – wo ich viele Arbeiter kenne, die sich in dieser Situation befinden – im Baugewerbe, aber auch anderswo, oftmals 45 oder 50 Stunden pro Woche arbeitet! Und noch dazu ohne feste Arbeitsverträge. Kurzzeitverträge sind die Regel. Man kehrt also zum ausbeuterischen Kapitalismus des 19. Jahrhunderts zurück. Die Leute werden eingestellt, um Tag für Tag, Woche für Woche 50 Stunden zu arbeiten, und dann lässt man sie in die Arbeitslosigkeit fallen. Diese Situation ist pathologisch. Und sie hängt unmittelbar damit zusammen, dass die Organisation der Arbeit nicht in erster Linie darauf abzielt, dass die Arbeit erledigt wird, sondern darauf, dass der Eigentümer den Profit erzielt, den seine Aktionäre vehement von ihm einfordern. Man kann heute ohne Weiteres davon ausgehen, dass die Aktionäre eine sichere Rendite von vielleicht 15 Prozent auf ihr investiertes Kapital erwarten. Das setzt eine übermäßige Ausbeutung der Arbeiter voraus.

All das betrifft den zweiten Punkt des Programms: Die Tatsache, dass wir einen Punkt erreicht haben, wo die kapitalistischen Methoden der Organisation von Arbeit zum einen angesichts der Weltbevölkerung übersättigt und zum andern völlig unangemessen sind in Bezug auf eine vernünftige und effiziente Nutzung der neuen Technologien.

Peter Engelmann: Kommen wir nun zu den anderen Punkten. Du bist also der Meinung, dass auch heute eine kommunistische Politik nicht im Rahmen eines einzelnen Staates realisiert werden kann, sondern dass sie international sein muss?

Alain Badiou: Absolut, die Politik muss internationalistisch sein! Man kann sie nicht in den Grenzen eines Staates realisieren, und zwar aus dem Grund, weil dem Staat in dieser Situation nichts anderes übrig bleibt, als sich zu verhärten und abzuschotten. Er ist eingekreist als der einzige seiner Art. Man geht militärisch gegen ihn vor, und schließlich wird er versuchen, seine Probleme mithilfe von staatlichen und polizeilichen Zwangsmaßnahmen zu lösen. Lenin selbst hat in den 20er Jahren erkannt, dass es so kommen würde. Es gibt dazu sehr präzise Texte von ihm. Der Staat wurde wiederaufgebaut, reformiert und man hat eine neue Bürokratie errichtet. Doch weder er noch der Großteil der Leute, die ihm gefolgt sind, wollten, dass es sich so entwickelt. Aber es hat sich deshalb so entwickelt, weil der Zustand der Isolation, der Separation und auch der Zustand, in dem sich die Bildung befand, ein Gelingen des kommunistischen Experiments nicht wirklich zugelassen haben. Heute sind die Bedingungen vorteilhafter, und zwar in genau dem Maße, in dem der Kapitalismus selbst sich globalisiert hat. In gewisser Weise arbeitet der Kapitalismus also nach und nach den Staaten entgegen. Für eine Initiative auf globaler Ebene sind die Umstände daher heute sicherlich günstiger. Man muss immerhin einsehen, dass man sich am Ende des

19. Jahrhunderts in der Phase befand, in der der Nationalismus seine gewalttätigsten Ausprägungen zeigte. Der Nationalismus war die dominante Ideologie, und man kann sogar sagen, dass es dem Kapitalismus vor allem mithilfe des Nationalismus gelungen ist, die Menschen für sich zu vereinnahmen. Der beste Beweis dafür ist, dass er es vermocht hat, die Menschen unter schrecklichsten Bedingungen in den Ersten Weltkrieg zu schicken, in dem Millionen ihr Leben gelassen haben. Das konnte nur geschehen, weil die Franzosen, die Deutschen und die Engländer vollkommen vom Nationalismus durchdrungen waren. Heute ist das viel weniger der Fall.

Peter Engelmann: Du sagst, dass man heute beobachten kann, wie im globalisierten Kapitalismus die Nationen bzw. die Staaten gegenüber transnationalen Strukturen an Bedeutung verlieren. Deswegen muss der Widerstand gegen den Kapitalismus per definitionem ebenfalls global sein.

Alain Badiou: Das muss er, auf jeden Fall.

Peter Engelmann: Das führt uns zum vierten Punkt.

Alain Badiou: Genau. Der vierte Punkt betrifft den Staat. Ich denke, das staatliche Eigentumsmonopol ist eine sehr beschränkte Interpretation des kommunistischen Programms – auch wenn es die bekannteste und meist praktizierte Form ist –, erstens weil sie in einem nationalen Rahmen verbleibt und zweitens, weil das Ziel nicht darin besteht, den Staat zum alleinigen Eigentümer zu machen; das Ziel ist vielmehr, dass die Produktion wirklich den Bedürfnissen der Menschen zugutekommt und nicht den Interessen der Aktionäre. Das ist der Punkt.

Zum Beispiel ist heute die Produktion, der Transport und die Verteilung von Medikamenten eine der wesentlichsten Branchen des Kapitalismus. Hier werden die größten Gewinne erzielt. Die globale pharmazeutische Industrie ist ein kapitalistisches Monstrum. Das Resultat ist – das ist bekannt –, dass elementare Medikamente, wie zum Beispiel die Medikamente gegen arterielle Hypertonie, auf einem ganzen Kontinent wie Afrika überhaupt nicht vorhanden sind. Aus verschiedenen Gründen gibt es in Afrika enorm viele Fälle von Hypertonie. Die Folge ist, dass massenhaft Leute mit vierzig oder fünfzig Jahren an einem Hirntrauma sterben. Dabei ist die Produktion dieses Medikaments gar nicht sehr teuer! Ich habe es übrigens gerade in Österreich gekauft, gleich hier nebenan: eine monatliche Ration für zwei Euro fünfzig. Aber es interessiert die Produzenten dieses Medikaments nicht, an Leute zu verkaufen, die kein Geld haben, obwohl es eigentlich dringend notwendig wäre, es ihnen zugänglich zu machen – oder es ihnen für drei Cent zu verkaufen. Das wäre ohne Weiteres möglich!

Was bräuchte man also idealerweise? Man bräuchte eine globale pharmazeutische Agentur, die die Produktion kontrollieren und zugleich die Verteilung der essenziellen Medikamente sicherstellen würde, und zwar wo auch immer auf der Welt sie benötigt werden! Es gibt keinen Grund, dass wir hier in Europa achtzig Jahre alt werden, ohne an Hypertonie zu erkranken, während andere Menschen – nur weil sie in Afrika leben – mit vierzig Jahren sterben, weil es dort keine entsprechenden Medikamente gibt. Das ist ein Skandal! Und Schuld an diesem Skandal ist zu meinem Bedauern allein die Tatsache, dass die pharmazeutische Industrie ein kapitalistisches Monstrum ist, deren Aktionäre der Meinung sind, dass es für sie nicht von Interesse sei, dieses Produkt in Afrika zu verkaufen. Angesichts dieser Tatsache ist die Weltgesundheitsorganisation machtlos, genau wie unsere Regierungen gegenüber den Begierden des großen globalisierten Kapitalismus machtlos sind.

Man fragt sich, wie es der Weltgesundheitsorganisation gelingen soll, die Hersteller dazu zu bewegen, ihr Verhalten zu ändern, wenn man zugleich sieht, dass ein Unternehmen wie Total – das größte und wichtigste Unternehmen Frankreichs – dem französischen Staat keinen einzigen Sou an Steuern zahlt.

Peter Engelmann: Das kann doch nicht wahr sein!

Alain Badiou: Doch, weil sie es geschafft haben, ihr Zelt in Luxemburg oder in Malta aufzuschlagen ..., und das ist das größte Unternehmen Frankreichs mit Sitz in Paris. Sie zahlen nicht einen einzigen Sou an Steuern! Unsere Regierung ist nicht in der Lage, Total dazu zu bringen, Steuern zu zahlen; das beweist eindeutig, dass die Widerstandskraft der großen kapitalistischen Konglomerate immens ist, und mit kleinen Reformen wird man daran mit Sicherheit nichts ändern können.

Peter Engelmann: Aber genau das ist die Frage: Wie kann man all das ändern?

Alain Badiou: Im Moment bin ich sehr weit davon entfernt, zu glauben, dass man es ändern kann, aber ich ich bin überzeugt, dass man es ändern *muss!* Das ist der erste Schritt! Das heißt, wenn man nicht zuerst die Überzeugung gewinnt, dass man etwas ändern muss, wird man es auch nicht schaffen. Das Wichtigste ist daher heute, eine möglichst große Anzahl von Menschen davon zu überzeugen, dass eine Veränderung notwendig ist. Das ist mein zentraler Punkt.

Das ist meine Analyse der Konjunktur. Da heute der Kapitalismus siegreich ist – und das ist eine Tatsache –, muss man zunächst die Idee und das Bewusstsein der Notwendigkeit, dass etwas anderes wirklich möglich ist, wiederherstellen, und zwar von Grund auf. Und diese Möglichkeit muss deswegen gegeben sein, *weil* sie notwendig ist. Die Menschheit darf eine solche Ungerechtigkeit nicht einfach akzeptieren, sie darf sie nicht akzeptieren, als sei es eine naturgegebene und ewige Ungerechtigkeit.

Der demokratische Diskurs

Peter Engelmann: Du hast gesagt, es sei heute das Wichtigste, zu der Überzeugung zu gelangen, dass etwas anderes als der Kapitalismus überhaupt möglich ist. Warum fällt es den Menschen heute so schwer, sich eine Alternative zur kapitalistischen Gesellschaft vorzustellen?

Alain Badiou: Das große Argument ist, dass es keine moderne Alternative zum Kapitalismus gäbe. Und das betrifft die Demokratie, das Leben in Frieden, die sexuelle Freiheit, die Freiheit der Sitten, die Stellung der Frauen und so weiter. All das ist Teil der großen Propaganda des Kapitalismus, denn er ist es, der all das hervorgebracht hat.

Peter Engelmann: Du glaubst also, dass der Kapitalismus für all die Dinge, die Du aufgezählt hast, verantwortlich ist?

Alain Badiou: Natürlich ist der Kapitalismus dafür verantwortlich. Mit Sicherheit.

Peter Engelmann: Aber ist das nicht der Diskurs, der die abendländische Kultur legitimiert?

Alain Badiou: Man könnte ihn im Großen und Ganzen den „demokratischen Diskurs" nennen.

Peter Engelmann: Gut, aber was ist der demokratische Diskurs?

Alain Badiou: Eben das, was ich „Modernität" nenne, das heißt im Grunde ein Diskurs der individuellen Freiheiten, und zwar im weiteren Sinne des Begriffs, also die persönliche Freiheit, die Redefreiheit, die Meinungsfreiheit, die Vereinigungsfreiheit und so weiter.

Peter Engelmann: Die Gleichheit der Geschlechter!

Alain Badiou: Genau, die Gleichheit der Geschlechter, welche Gleichheit auch immer. Das ist der herrschende Diskurs des Abendlandes, da besteht kein Zweifel. Und dieser Diskurs ist postnationalistisch.

Peter Engelmann: Du meinst also, dass der nationalistische Diskurs verschwunden ist?

Alain Badiou: Nein, verschwunden ist er nicht, aber man kann sehr wohl eine Schwächung der Nationalstaaten beobachten. Der Unterschied ist, das der Nationalismus heute keine so selbstverständliche Leidenschaft mehr ist. Der nationalistische Diskurs ist im Abendland schwächer geworden. Es ist kein dominanter Diskurs mehr wie noch im 19. und einem großen Teil des 20. Jahrhunderts, denn bis zum Ende des Zweiten Weltkriegs hat dieser Diskurs Europa beherrscht. Seitdem ist er schwächer geworden, und durch die Kolonialkriege hat er noch weiter an Einfluss verloren. In Frankreich beispielsweise waren die Kolonialkriege – der Krieg in Indochina und so weiter – der letzte starke Ausdruck des Nationalismus. Und weil diese Kriege letztlich nutzlos waren und verloren wurden, wurde auch der nationalistische Diskurs noch weiter geschwächt. Aber ich bestehe darauf, dass er nicht tot ist! Der beste Beweis dafür ist, dass es Organisationen gibt, die versuchen den Nationalismus wiederaufleben zu lassen, um mit seiner Hilfe gegen den globalisierten Kapitalismus vorzugehen, Organisationen, die sich als Antikapitalisten ausgeben. Auch die modernen Faschismen behaupten, dass sie gegen den globalisierten Kapitalismus sind. In Frankreich zum Beispiel fordert der Front National, dass man aus der EU und aus dem Euro aussteigen solle, was letztlich auf einen Ausstieg aus dem europäischen Kapitalismus hinausliefe.

Folglich ist dieser Diskurs nicht tot, aber ich denke, er ist geschwächt. Und das ist ein Symptom der Krise des herrschenden Diskurses, den ich den „demokratischen Diskurs" nenne, also jenen Diskurs, den zum Beispiel Hollande nach den Attentaten von Paris stark gemacht hat: die Werte der Freiheit, die Gleichheit der Geschlechter, die Freiheit der Sitten und so weiter. Dieser Diskurs ist dominant. Und warum ist er dominant? Weil es ein Diskurs ist, der behaupten kann: „Seht doch! Nur in den entwickelten und globalisierten kapitalistischen Ländern gibt es die Demokratie! Kapitalismus und Demokratie sind also nicht voneinander zu trennen, und ihr werdet den Kapitalismus wohl oder übel hinnehmen müssen, und zwar im Namen der Demokratie! Weil ihr die Demokratie wollt, werdet ihr gezwungen sein, den Kapitalismus zu akzeptieren!" Das ist die herrschende Argumentation. Daher muss man eine Modernität erfinden, die auch mit etwas anderem kompatibel sein kann als mit dem Kapitalismus. Sonst bleibt die Situation so wie sie ist. Man muss eine neue Moderne erfinden. Das ist das große Problem. Der Fehler der sozialistischen Staaten bestand schon allein darin, dass sie in vielerlei Hinsicht archaisch und traditionalistisch waren. Sie haben den Staat, den Gehorsam und die Autorität gefördert.

Im Bereich der Ästhetik und in Bezug auf die Sitten waren sie reaktionär. Ein großes Versagen der sozialistischen Staaten – neben ihrer terroristischen und kriminellen Seite, die ja schon schlimm genug war – bestand darin, dass sie es schon in den 20er oder 30er Jahren nicht mehr geschafft haben, sich als wirklich moderne Alternative zu präsentieren. Sie machten den Eindruck, irgendwie zurückgeblieben zu sein, und das ist nicht nur eine Frage der Ökonomie. Diese Frage betrifft vielleicht das Leben in einem viel allgemeineren Sinn. Sie ist es, die in Wahrheit den reaktionären Charakter dieser Länder in vielen Punkten ausmacht; also nicht nur in Bezug auf Freiheiten im politischen Sinne – wie die Vereinigungsfreiheit oder die Redefreiheit – sondern auch in Bezug auf die noch elementareren Freiheiten wie die Freizügigkeit, die Freiheit, die eigene Beschäftigung selbst wählen zu können, oder die persönliche Freiheit. In all diesen Punkten waren die sozialistischen Staaten vollkommen reaktionär. Heute wird man diese Fehler nicht wiederholen. Heute ist man verpflichtet sich trotz allem ein wenig in der Moderne wie sie ist einzurichten.

Peter Engelmann: Hast du Ideen diesbezüglich?

Alain Badiou: Aber ja, natürlich. Eine ganze Reihe der Ideen, die der Kapitalismus für sich reklamiert, könnten ebenso gut in einer nicht-kapitalistischen Welt existieren. Ganz ehrlich, es ist doch nicht einzusehen, warum es in einer kommunistisch organisierten Welt keine Gleichheit zwischen Männern und Frauen geben sollte! Keine jener vermeintlichen Freiheiten, die der Kapitalismus für sich reklamiert, ist nur innerhalb des Kapitalismus denkbar. Allein der Despotismus der sozialistischen Staaten hat diese Propaganda zu verantworten. Die Argumentation ist sehr einfach. Man sagt: „Es hat in einigen Ländern Versuche gegeben, den Kommunismus zu realisieren, was jedoch zum Verschwinden der üblichen demokratischen Freiheiten geführt hat, folglich ist der Kommunismus schlecht, und nur der Kapitalismus vermag es, diese Freiheiten zu garantieren." Das ist der absolute Kern der zeitgenössischen Propaganda, und auch Du bist empfänglich für diese Propaganda.

Peter Engelmann: Ja sicher! Aber das macht unsere Diskussion ja erst interessant.

Alain Badiou: Aber wenn man sich das Ganze näher anschaut, wenn man die vier Punkte betrachtet, von denen ich vorhin gesprochen habe, wird man nicht einsehen, warum der Kommunismus an diese traditionellen Elemente – die Ungleichheit von Mann und Frau, die Einschränkung der Personenfreizügigkeit und die schreckliche Hierarchie der Gesellschaft – gebunden sein soll. Ich würde sogar sagen: Ganz im Gegenteil! Es handelt sich dabei um pathologische Effekte, die dadurch verursacht wurden, dass nur ein kleiner Teil des ersten Punktes überhaupt als Teil des kommunistischen Programms begriffen wurde, und zwar der Übergang vom Privateigentum zum Staatseigentum. Das war die einzige Neuerung, die man der Politik zugetraut hat. Aber erstens hat das nicht funktioniert, und zweitens hat man so in den 80er Jahren eine nunmehr über dreißig Jahre fortwirkende Propaganda in die Welt gesetzt, die behauptet, dass der Kapitalismus und die Demokratie notwendigerweise miteinander verbunden seien.

Peter Engelmann: Du hast völlig recht, ich bin dafür empfänglich. Und weißt du warum? Weil ich für all diese

Freiheiten gekämpft habe, für all diese Dinge, die mit der kapitalistischen Propaganda zu tun haben. Ich habe den Preis dafür bezahlt, genau wie alle anderen, die dafür gekämpft haben. Und wir alle haben die Erfahrung machen müssen, dass es keinem der sozialistischen Staaten gelungen ist, diese Freiheiten zu garantieren.

Alain Badiou: Anstatt dich mit dem Kapitalismus zu verbünden, hättest du lieber an der kommunistischen Hypothese festhalten sollen! Gerade weil du ein Opfer der sozialistischen Staaten gewesen bist! Du bist nicht deswegen ein Opfer dieser Staaten, weil Du verfolgt wurdest, sondern weil sie Dich davon überzeugt haben, dass der Kommunismus ein Übel ist!

Peter Engelmann: Ja, vielleicht.

Alain Badiou: Aber sicher! Das ist ihr großer Sieg über Dich!

Peter Engelmann: Na gut, Du kannst mich ja überzeugen, dass sie im Unrecht sind.

Alain Badiou: Es geht mir ja gar nicht darum, Dich von irgendetwas zu überzeugen, sondern darum, Dir einsichtig zu machen, dass das ein Sieg des Kapitalismus ist. Darin liegt das Problem! Darin, dass es im Moment keineswegs die Menschheit ist, die vom Fall der sozialistischen Staaten profitiert, auch nicht die Idee der Gleichheit oder der Freiheit, sondern vielmehr der abendländische Imperialismus in Form des entfesselten globalisierten Kapitalismus, dessen Sieg vom Fall der sozialistischen Staaten besiegelt wurde. Das sind die Sieger! Die 264 Personen, die soviel besitzen wie drei Milliarden andere zusammen. Das ist der Preis, den man dafür gezahlt hat!

Peter Engelmann: Nein, das muss man differenzieren! Ich sehe nicht, dass ...

Alain Badiou: Aber das ist der Preis, den wir für die Demokratie bezahlt haben! Natürlich. Die Tatsache, dass es fünf Milliarden Menschen gibt, die überhaupt nichts besitzen, ist der Preis, der für Deine kleine abendländische Demokratie gezahlt werden musste.

Peter Engelmann: Aber ich mag meine kleine Demokratie.

Alain Badiou: Ja, und dafür nimmst Du das in Kauf. Findest Du etwa, dass das normal ist, dass der Rest der Menschen gar nichts besitzt?

Peter Engelmann: Nein, hör mir doch zu! Ich kämpfe ja dagegen, aber ich versuche das voneinander zu trennen.

Alain Badiou: Du kannst das nicht voneinander trennen! Die Privilegien des Abendlandes beruhen auf der Unterdrückung der restlichen Welt! Daran ist nichts zu rütteln.

Peter Engelmann: Aber wir leben in der abendländischen Welt, auch Du. Du kannst Dich frei bewegen und so weiter.

Alain Badiou: Umso besser, aber ich versuche diese Freiheit zumindest zu nutzen, um eine Idee zu entwickeln, die den anderen zugutekommt.

Peter Engelmann: Warum glaubst Du, dass ich anders denke?

Alain Badiou: Weil Du die Kritik dieser Verbindung von Kapitalismus und Demokratie nicht konsequent zu Ende führst!

Peter Engelmann: Ja, vielleicht.

Alain Badiou: Es ist so. Ich kann Dich ja verstehen. Die meisten Leute, mich selbst eingeschlossen, hängen sehr an den demokratischen Freiheiten des Abendlandes. Aber trotzdem muss man irgendwann begreifen, dass das eine Sackgasse ist. Das ist eine viel zu beschränkte Form des Ganzen.

Peter Engelmann: Aber ich würde es ja auch gerne sehen, dass die demokratischen Freiheiten von all diesen Effekten, von denen Du gesprochen hast, befreit wären. Natürlich! Deswegen mache ich ja diese Arbeit. Aber für mich ist das eine Utopie. Anders ausgedrückt: Ich kann weder im Horizont meiner eigenen Erfahrung noch wenn ich mir die Kräfte anschaue, die sich heute gegen den globalisierten Kapitalismus zur Wehr setzen, eine wirklich positive Alternative erkennen.

Alain Badiou: Wie kannst Du denn erwarten, eine positive Alternative vorzufinden, wenn Du Dich nicht selbst für eine solche positive Alternative einsetzt? Du willst eine positive Alternative sehen? Dann fang an, Dir selber Gedanken zu machen! Du kannst nicht einfach fordern, dass es irgendeine Kraft geben müsse. Nein, wenn es eine Kraft geben soll, dann muss das zuerst Deine eigene sein! So wie auch die meine! Es gibt Momente in der Geschichte, in denen Kräfte existieren, denen man sich anschließen kann, aber heute sind wir in einer Situation, wo man sich zuerst entscheiden muss, was man will, was man sich wünscht, wonach man sich sehnt! Man muss das mithilfe der Vernunft entscheiden, ganz rational, aber entscheiden muss man sich. Denn wenn man sich selbst nicht entscheidet, kann man das auch nicht von den anderen erwarten. Man kann nicht verlangen, dass es eine Kraft geben solle, wenn man nicht selbst Teil dieser Kraft ist.

Peter Engelmann: Aber wofür muss man sich entscheiden?

Alain Badiou: Man muss sich dafür entscheiden, der kapitalistischen Moderne den Kampf anzusagen.

Peter Engelmann: Der Demokratie?

Alain Badiou: Der Demokratie in ihrer bestehenden Form.

Peter Engelmann: Und auch der Freiheit?

Alain Badiou: Zumindest der Freiheit, deren Preis die Akzeptanz des Kapitalismus ist. Du tust so, als ob diese Freiheit selbstverständlich sei. Aber das stimmt nicht! In Wahrheit hast Du diese Freiheiten nur, weil Du ihre materielle Bedingung, den globalisierten Kapitalismus, akzeptierst. Folglich bist Du dadurch auch mit dafür verantwortlich, dass es fünf Milliarden Menschen auf der Welt gibt, die überhaupt nichts haben. Man muss damit beginnen, zu sagen: „Ich bin für demokratische Freiheiten, ich schätze sie, aber ich weigere mich, diesen Preis dafür zu zahlen." Deswegen verlange ich, dass jeder anfängt, sich Gedanken zu machen, zu handeln und zu experimentieren, um herauszufinden, wie möglichst viele Züge der Moderne in einer Welt erhalten bleiben können, die nicht mehr kapitalistisch ist.

Peter Engelmann: Aber, wenn ich mich dieser Verknüpfung von Kapitalismus und Demokratie entziehen will, wie Du das beschreibst, dann ist das doch keine rein intellektuelle Angelegenheit, nicht wahr? Natürlich könnte ich einfach sagen: „Ich entziehe mich ...“

Alain Badiou: Aber Du kannst Dich ja gar nicht entziehen! Die Straße, auf der Du gehst, ist kapitalistisch! Alles, was Du tust, ist vom Kapitalismus durchdrungen. Das ist die allgemeine Struktur unserer Gesellschaft! Der Kapitalismus ist keine unabhängige Sache! Er ist nicht etwas, das außerhalb von dir passiert. Wir nehmen jeden Tag Teil am kapitalistischen Leben der Gesellschaft!

Peter Engelmann: Was verlangst Du also? Du läufst doch auch durch die Straßen!

Alain Badiou: Ich verlange die Abschaffung der kapitalistischen Organisation der Gesellschaft!

Peter Engelmann: Ohne zu wissen, wie man die Gesellschaft organisieren soll? Ich fürchte, dass man auf diese Weise wieder in totalitäre Strukturen zurückfallen würde, so wie wir es in den sozialistischen Staaten gesehen haben.

Alain Badiou: Aber das ist vorbei! Das war ein erster Versuch. Die Herrschaft des Privateigentums, der Konkurrenz, des Profits und der Ungleichheit, das sind Dinge, die seit Jahrtausenden bestehen und das bis auf den heutigen Tag. Es gibt heute sogar eine größere Ungleichheit als je zuvor in der Geschichte! Man hat berechnet, dass die Kluft zwischen der kleinen Gruppe der globalen Oligarchie und den unteren Gesellschaftsschichten heute größer ist als die Kluft zwischen den Adligen und den Leibeigenen im Ancien Régime. Die Welt, in der wir leben, ist eine krankhafte Welt.

Du kannst zum jetzigen Stand der Entwicklung, nachdem ein erster Gegenversuch gescheitert ist, keine Garantien verlangen. Man muss zuerst zu der Überzeugung gelangen, dass eine Veränderung unausweichlich ist. Man darf die Welt so wie sie ist nicht akzeptieren!

Peter Engelmann: Man muss sich also dieser Idee verweigern, dass die demokratischen Freiheiten und die demokratische Verfassung mit dem Kapitalismus verbunden sind?

Alain Badiou: Das ist keine Idee, das ist eine Tatsache. Die demokratischen Freiheiten gibt es nur in den entwickelten kapitalistischen Ländern.

Peter Engelmann: Aber Du hast doch gesagt, dass diese Verbindung keine notwendige ist, nicht wahr?

Alain Badiou: Man muss dringend dafür eintreten, dass es da keine notwendige Verbindung gibt! Denn ich sehe nicht ein, warum sie notwendig sein sollte.

Peter Engelmann: Aber ich erinnere mich zum Beispiel an Marx' Analyse des Übergangs vom Feudalismus zum Kapitalismus in den *Grundrissen,* wo er von der individuellen Freiheit spricht. Für ihn ist diese Freiheit die Voraussetzung für die Entstehung des Proletariats, das für die kapitalistische Produktion frei verfügbar sein muss. Ich sehe da schon eine Verbindung zwischen dem Schicksal der bürgerlich-demokratischen Gesellschaft und der kapitalistischen Produktionsweise.

Alain Badiou: Natürlich, aber diese Verbindung ist eine historische! Marx weist darauf nur hin, um zu zeigen, dass diese vermeintlichen Freiheiten vom „eiskalten Wasser egoistischer Berechnung“ durchtränkt sind. Die individuelle Freiheit hatte in der Tat den Zweck, die Proletarier hervorzubringen wie auch ihre Herren, die kapitalistischen Unternehmer. Die individuelle Freiheit hat diese Organisationsform erzeugt. Es gab keine juristische Bindung wie zwischen dem Adligen und dem Leibeigenen. Der Leibeigene ist jetzt zwar kein Eigentum mehr, aber das heißt noch lange nicht, dass das demokratisch ist. Das hat Marx auch nicht gesagt, er spricht in diesem Zusammenhang überhaupt nicht von Demokratie. Er sagt, dass dies der Wert sei, den die Bourgeoisie eingesetzt hat: der Wert der individuellen Freiheit, denn genau genommen ist die Welt der bürgerlichen Gesellschaft keine, in der die Ungleichheit juristisch fundiert ist, sondern eine Welt praktischer Ungleichheiten, Ungleichheiten der Tat, in der es darum geht, sich als Sieger gegen seine Konkurrenten durchzusetzen. Damit es Konkurrenz geben kann, braucht es natürlich ein wenig Freiheit, das ist klar. Aber diese Freiheit ist eine trügerische Freiheit. In Wahrheit ist es bloß die Freiheit dessen, der Geld hat, gegenüber dem, der keins hat.

Peter Engelmann: Genau, das, was man Freiheit nennt, was man als die positiven Werte unseres Lebens, unserer Gesellschaft betrachtet, dient in Wahrheit dazu, die Menschen für die globalisierte kapitalistische Produktion abzurichten. Die Reise- und Bewegungsfreiheit ist notwendig, damit die Arbeitskräfte, Ideen und Technologien sich entsprechend verteilen und in Umlauf gebracht werden können. In diesem Sinne ist die Freiheit mit der kapitalistischen Produktionsweise verbunden. Was ich nun gerne wissen würde, ist, wie man sich dagegen eine post-kapitalistische Gesellschaft und eine post-kapitalistische Produktionsweise vorstellen soll.

Was passiert dann mit der kapitalistischen Produktion und all dem, was mit ihr zusammenhängt, wie zum Beispiel die individuellen Freiheiten?

Alain Badiou: In Wahrheit ist das Schicksal dieser Freiheit die Lohnarbeit. Du arbeitest nicht zum Wohle der Gemeinschaft oder um etwas Neues zu schaffen, sondern um Lohn zu erhalten. Folglich ist die Arbeitskraft selber eine Ware. Die Freiheit, von der Du sprichst, die kapitalistische Freiheit, ist die Freiheit, alles zur Ware zu machen. *Voilà!*

Vielleicht kann es gelingen, sich eine Freiheit vorzustellen, die etwas anderes ist, als die Freiheit zur Ware zu werden. Darüber hinaus ist die abendländische Freiheit sehr beschränkt, weil alle davon überzeugt sind, dass die kapitalistische Welt die einzig mögliche Welt ist. Im Grunde denken also alle das Gleiche. Es gibt genau genommen keine Freiheit des Denkens. Nimm zum Beispiel eine weitere grundlegende Freiheit: die Presse- und Informationsfreiheit. In Frankreich befinden sich alle sogenannten „linken Zeitungen", wie *le Monde* oder *Libération,* in unmittelbarem Besitz großer französischer Kapitalisten. Unmittelbar! Und mit den großen Fernsehsendern wie Canal+ oder France 1 ist es dasselbe. In Wirklichkeit werden die Informationen also vom Kapital kontrolliert.

Peter Engelmann: Gibt es denn keine freien Informationskanäle?

Alain Badiou: Jedes Mal, wenn es bisher freie Informationskanäle gab, war ihre Reichweite entweder sehr begrenzt oder sie wurden aufgekauft. Die Geschichte der französischen Zeitung *Libération* ist verblüffend. Das ist eine Zeitung, die von der radikalen Linken der 68er-Bewegung gegründet wurde, zu einer Zeit, als die vorherrschende Chronik eine

Chronik des Protests war. Heute ist die Zeitung im Besitz der drei großen Kapitalisten an der Seine, und gezwungenermaßen bedient sie den herrschenden Diskurs, angereichert mit ein wenig freiheitlicher Rhetorik.

Ich glaube also, dass die konstitutiven Elemente der modernen Freiheit heute einerseits in ihrer Existenz selbst von der Herrschaft des Kapitalismus strukturiert sind; andererseits ist jedoch nicht einzusehen, dass sie als solche, als Formen der Freiheit, notwendigerweise mit dem Kapitalismus verbunden sein sollen. Im Gegenteil, immer wenn man genauer hinsieht, erkennt man, dass diese Freiheiten eigentlich eingeschränkt sind; zum Beispiel sind die Zeitungen im Besitz der Kapitalisten. Also ist die Freiheit der Informationen offensichtlich trügerisch. Dasselbe gilt für die großen Fernsehsender. Und dann fällt nach und nach auch noch das öffentliche Gesundheitswesen in die Hände der Kapitalisten und so weiter. Aber es gibt keinen Beweis dafür, dass diese Verbindung notwendig wäre. Der einzige Beweis bezieht sich auf das, was wir schon besprochen haben, nämlich dass diese Elemente der Modernität, die das Privatleben betreffen, in den sozialistischen Staaten größtenteils beseitigt wurden. Ich glaube jedoch, dass genau das zu deren Zusammenbruch beigetragen hat. Und das beweist eindeutig, dass es so nicht funktionieren kann.

Kommunismus als moderne Politik?

Peter Engelmann: Wie sieht nun die Arbeit des Widerstandes konkret aus, wenn man sich entschieden hat, den Preis für die Demokratie nicht zahlen zu wollen? Woher kommt er, und welche Kräfte sind die realen Träger dieses Widerstandes?

Alain Badiou: Zunächst ist es wichtig, dass man in globalem Maßstab denkt. Auf globaler Ebene sehe ich für meinen Teil vier Kräfte auf ganz verschiedenen Stufen – und ich meine damit Kräfte in Reserve, keine die sich bereits konstituiert haben.

Die erste, fundierende Kraft ist das, was ich das „nomadische Proletariat“ nenne, das heißt die Menge der weltweit verfügbaren Arbeitskräfte, die sich mehr oder weniger auf Wanderschaft befinden, um irgendwo Beschäftigung zu finden. Also eine enorme Masse von Arbeitern, Milliarden von Menschen, die versuchen in der ein oder anderen Weise auf dem Arbeitsmarkt Fuß zu fassen – entweder weil es da, wo sie sind, für ihre Arbeitskraft keine Verwendung gibt, weil sie dort nicht Leben können oder sogar weil sie von Bürgerkriegen, Terrorismus und so weiter bedroht sind. Selbst bei uns gibt es bereits enorm viele Menschen, die zu diesem nomadischen Proletariat gehören, die hierhergekommen sind und sich hier niedergelassen haben, um Arbeit zu suchen, junge Leute. Ich bezeichne das als „Proletariat“, und in der heutigen Zeit ist es ein nomadisches Proletariat. Das Interessante dabei ist, dass es sich nicht wirklich um ein nationales Proletariat handelt, wie wir es aus dem 19. oder 20. Jahrhundert kennen. Es ist ein Proletariat, das sich aus Menschen unterschiedlichster Herkunft zusammensetzt. Allein in einem Land wie Frankreich gibt es zwischen sechs und acht Millionen Menschen, einfache Arbeiter, die zum größten Teil aus Afrika stammen. Das ist wirklich beträchtlich. Wenn ich also vom „nomadischen Proletariat" spreche, dann meine ich damit nicht nur Menschen, die herumreisen und so weiter, sondern Menschen, die von anderswo herkommen, sich irgendwo niederlassen und die vielleicht auch wieder woanders hinziehen werden. Beispielsweise sind viele der marokkanischen Arbeiter in Frankreich zuvor in Belgien oder Spanien gewesen. Das sind übrigens oft Menschen, die mehrere Sprachen sprechen. Zu dieser Gruppe gehören natürlich auch Teile des chinesischen Proletariats oder die Menschen aus Bangladesch, die in Korea arbeiten. Das ist also kein rein westliches Phänomen.

Soviel zur ersten Kategorie. Die zweite Kategorie, die ich im Auge habe, ist ein Teil dessen, was man die „Mittelklasse" nennen könnte, die zu einem großen Teil in der westlichen Welt konzentriert ist, wobei ich mit der westlichen Welt die entwickelten Länder meine – in der Tat betrachte ich zum Beispiel auch Japan als westliches Land. Diese Mittelklasse setzt sich größtenteils aus Angestellten und Kleinunternehmern zusammen, deren Status sich durch eine gewisse Anzahl demokratischer Freiheiten bestimmt, die sie im Austausch dafür erhalten, dass sie die Herrschaft der kapitalistischen Oligarchie akzeptieren. Ich selbst gehöre in gewisser Weise zu dieser Gruppe, genau wie Du. Das ist ein objektiver Status. Die Mittelklasse stellt auch die Massen, die die Basis des globalisierten Kapitalismus bilden. Der Kapitalismus ist auf diese Basis angewiesen. Er benötigt sie für Wahlen und dergleichen.

Ein Teil der Mittelklasse fühlt heute, dass der Kapitalismus in einer Krise steckt, dass sie bedroht ist und dass ihre demokratischen Freiheiten keineswegs garantiert sind; daher wird ihr vielleicht bewusst, dass es für sie von Interesse sein könnte, sich mit dem nomadischen Proletariat zu solidarisieren. Ich habe das zum Beispiel bei den jungen Menschen beobachtet, die ich in Griechenland oder in der Schweiz getroffen habe und die sich sehr aktiv dafür eingesetzt haben, Geflüchtete aufzunehmen, sie kennenzulernen und mit ihnen zu arbeiten. Ich selber unterstütze politisch schon seit langer Zeit Heime für afrikanische Arbeiter und kenne die afrikanischen Arbeiter sehr gut. Dagegen neigt ein anderer Teil dieser bedrohten Mittelklasse dazu, sich dem Faschismus zuzuwenden. Sie ist also tief gespalten.

Peter Engelmann: Demnach gibt es innerhalb der Mittelklasse zwei Arten von Reaktionen.

Alain Badiou: Der wohlhabendere Teil der Mittelklasse fühlt sich trotz allem sehr stark der Oligarchie verbunden, aber der Teil der Mittelklasse, der die Arbeiter umfasst, wird meiner Ansicht nach heute eher seine Solidarität mit dem nomadischen Proletariat bekunden oder aber versuchen, beim Nationalismus Schutz zu suchen. Es gibt dennoch ein kleines Reservoir innerhalb dieser Mittelklasse.

Damit komme ich zur dritten Komponente: Ich denke es gibt innerhalb der westlichen Jugend eine Bewegung, einen Teil, der an den Sorgen und Nöten des nomadischen Proletariats Anteil nimmt und der sogar – denn es ist immer die Jugend, von der so etwas ausgeht – einer neuen kommunistischen Hypothese gegenüber aufgeschlossen ist.

Ich glaube, dass ein Teil der Jugend in diese Richtung mobilisiert werden kann, auch deswegen, weil sie sich nach einer anderen Zukunft sehnt. Sie sehnt sich im Grunde danach, eine Form der Modernität zu erfinden, die nicht verbrecherisch ist. Das ist der dritte Teil.

Der vierte schließlich ist ein gewisser Anteil der Intellektuellen. Denn jede Bewegung braucht Intellektuelle. Das sind also die Kräfte, die ich vor Augen habe: ein Teil des nomadischen Proletariats, ein Teil der westlichen Mittelklasse, ein Teil der Jugendbewegung und ein Teil der Intellektuellen. Aber es handelt sich in all diesen Fällen immer nur um einen Teil. Es sind keine geschlossenen Totalitäten. Und all das, was im Sinne einer Allianz dieser Elemente geschieht, ist meiner Ansicht nach Teil der Bewegung der modernen Politik, und diese Bewegung ist weder die kapitalistische Demokratie noch der alte Kommunismus und schon gar nicht der Faschismus.

Das wäre also die moderne Politik. Es existiert bisher nichts dergleichen. Es gibt schon gewisse Ansätze, zum Beispiel ein lang andauerndes Engagement bestimmter Teile der Jugend zugunsten des nomadischen Proletariats wie zum Beispiel in den Heimen für Geflüchtete und überhaupt im Bereich der Flüchtlingsfrage. Es gab Begegnungen und Annäherungen zwischen den kleinen Angestellten der westlichen Mittelklasse und Leuten aus anderen Teilen der Welt oder auch der Jugend und so weiter. All das bildet das zukünftige Profil dessen, was sich zu einer globalen politischen Kraft entwickeln könnte, und sie hätte gar keinen Grund, sich von der Demokratie zu verabschieden. Diese Kräfte haben im Gegenteil ein Interesse an der Demokratie: das nomadische Proletariat schon einfach deswegen, weil es oft aus Ländern kommt, wo es keine Demokratie gibt; die Jugend, weil sie schon immer in gewisser Weise demokratisch ist; und die Intellektuellen natürlich, weil sie den Begriff der Demokratie neu durchdenken; und schließlich die schwachen Glieder der Mittelklasse, weil sie ihre eigene Sicherheit viel eher von dieser Seite her gewährleistet sehen als von Seiten der kapitalistischen Entwicklung, die sie bedroht, da sie die Tendenz hat, einen Teil der Mittelklasse verarmen zu lassen. Ein Teil der Mittelklasse könnte also zu der Einsicht gelangen, dass ihre Interessen im kapitalistischen *deal* der Demokratie zu kurz kommen. Das ist es, was ich im Auge habe, die politische Landschaft, die all jene Kräfte umfasst, auf die sich mein Engagement bezieht: zunächst mein Engagement als Aktivist – wenn ich in die Wohnheime gehe, Gruppen für afrikanische Arbeiter organisiere, mit Geflüchteten arbeite und so weiter –, vor allem aber mein politisches Engagement: die Neuformulierung der kommunistischen Hypothese in ihrer vollständigen Programmatik, die meiner Meinung nach die unausweichliche Perspektive all dessen darstellt. *Voilà!*

Peter Engelmann: Das nennst Du moderne Politik?

Alain Badiou: Genau, das nenne ich moderne Politik. Aber ich denke, dass es von Interesse ist, am Begriff „Kommunismus" festzuhalten, und zwar weil es ein historischer Begriff ist und noch dazu einer, der verschrien und diskreditiert ist. Aber gerade als diskreditierter Begriff ist er auch am ehesten in der Lage, einen Bruch herbeizuführen. Ich möchte an ihm festhalten, auch wenn es dazu nötig ist, ihm ein Adjektiv zur Seite zu stellen – also zum Beispiel vom „neuen Kommunismus" zu sprechen – und zu erklären, dass man ihn wieder in seinem ursprünglichen Sinn begreifen muss, das heißt in dem Sinn, in dem Marx ihn im *Manifest der kommunistischen Partei* verwendet hat.

Letztlich waren die kommunistischen Erfahrungen in Russland oder China nur lokale und vereinzelte Erfahrungen, die übrigens beide an absolut außergewöhnliche Umstände geknüpft waren, da sie mit einem Weltkrieg in Zusammenhang standen. Man darf nicht vergessen, dass es Kriegskommunismen waren! Sie sind aus Kriegen entstanden. Nicht aus der Politik heraus, sondern aus dem Krieg. Sie sind das Resultat einer Politik des Krieges. Sie sind davon gebrandmarkt. Es gab immer eine militärische Seite, auch in den anderen kommunistischen Parteien nach dem Bürgerkrieg und noch mehr im Falle der kommunistischen Partei Chinas.

Peter Engelmann: Und nach dem Zweiten Weltkrieg?

Alain Badiou: Nach dem Zweiten Weltkrieg gab es eine Reihe kommunistischer Staaten, die während des Krieges künstlich eingesetzt wurden: Das gilt praktisch für alle kommunistischen Staaten mit Ausnahme von Jugoslawien. Die anderen waren ein Produkt des Krieges! Ich denke, dass all diese kommunistischen Staaten stark vom Krieg gezeichnet waren. Das zeigt sich insbesondere daran, dass ihre Organisation extrem militärisch geprägt war. Die Partei ist zum Teil nach militärischem Muster konstruiert worden.

Das ist eine Frage, die mich sehr interessiert, und zwar aus folgendem Grund: Eigentlich steht man in der Politik immer Leuten gegenüber, die über Macht und Mittel verfügen, die das Kapital in ihrer Gewalt haben, den Staatsapparat, die Informationskanäle, die Medien und letztlich auch die Polizei und alles andere. All dem hat man heute praktisch nichts entgegenzusetzen. Was bleibt einem also, wenn man Leuten gegenübersteht, die all diese Dinge in ihrer Gewalt haben, während man selbst mit leeren Händen dasteht? Was einem bleibt, ist die eigene Überzeugung und die eigene Disziplin. Über die Überzeugung haben wir ja bereits gesprochen, das ist der Ausgangspunkt von allem.

Sprechen wir also über die Disziplin: Ich denke, man muss eine neue Form der Disziplin erfinden! Denn im historischen Kommunismus war die Disziplin immer nach militärischem Muster gestaltet. Das ist ganz grundlegend. Das bedeutet: Es gibt die, die befehlen, und die, die gehorchen; es gibt die Truppe und den Anführer; es gibt die Kader und die Basismitglieder und so weiter. Die Befehle werden von oben heruntergereicht, und man hat keine andere Wahl, als zu gehorchen. Das ist genau wie in der Armee.

Peter Engelmann: Ja, das ist militärische Disziplin.

Alain Badiou: Das war übrigens auch in der Partei der Fall, denn die Fragen, die sich dort stellten, waren militärischer Natur. Die Geschichte von Mao Zedong ist in Wahrheit in allererster Linie eine militärische. Er hat schließlich dreißig Jahre lang Krieg geführt! Dessen muss man sich bewusst sein! Man redet immer von der Oktoberrevolution, aber der wichtigste Punkt hinsichtlich der Oktoberrevolution ist der Bürgerkrieg! Das war das wirklich Furchtbare. Der Bürgerkrieg war grauenvoll! Es war der Bürgerkrieg, in dem die Gewalt zur Gewohnheit wurde, die Exekutionen der Feinde und so weiter. Und die Partei, die nach militärischem Muster konzipiert war, wurde zum ausführenden Organ all dessen. Deswegen war es auch notwendig, dass es einen Anführer gab, dessen Entscheidungen nicht infrage gestellt werden dürften, denn in der Armee widerspricht man seinem Anführer nicht.

Wie könnte also eine effiziente Form von Disziplin aussehen, die nicht nach dem militärischen Muster konzipiert wäre? Das ist ein äußerst komplexes Problem, vielleicht das schwierigste Problem überhaupt. Das heißt, eine Form der Disziplin, die wirklich einen Diskurs ermöglicht, die einem das Recht zugesteht, zu diskutieren. Die Schwierigkeit dabei ist, zu verhindern, dass dieses Recht zu diskutieren nicht am Ende dazu führt, dass es keine Disziplin mehr gibt.

Peter Engelmann: Ja, ich verstehe. Hast du eine Idee, wie diese neue Form von Disziplin konkret aussehen könnte?

Alain Badiou: Ich denke, dass es eine kapillare Form sein müsste. Die Leute sprechen heute davon, dass sie horizontal sein sollte, aber horizontal und vertikal, das sind meiner Ansicht nach etwas zu simple Gegensätze. Ich denke, sie müsste eher kapillar sein. Es müsste einzelne Gruppen geben, die stärker unabhängig voneinander agieren könnten, ohne ständig die Last der Hierarchie auf ihren Schultern zu spüren. Ich stelle mir das Zusammenspiel dieser Gruppen eher wie in einem Organismus vor: In einem Organismus sind alle Zellen unabhängig voneinander, und jede Zelle ist ein lebendiger Organismus für sich. Es müsste natürlich Instanzen geben, die eher transversal funktionieren wie das Gehirn, aber nicht im Sinne einer permanenten Organisation der gesamten Kapillarität der aktiven Einzelgruppen nach hierarchischem Muster – Du weißt ja selbst sehr gut, wie tief das sitzt bei den Kommunisten. Es gibt das Politbüro, das Ständige Sekretariat, den Parteichef, das Ständige Sekretariat des Politbüros, das Zentralkomitee und die Verantwortlichen auf Bundesebene. Das war genau wie in der Armee. Ich denke also, man braucht ein Modell, das weniger hierarchisch ist, sondern vielmehr biologisch.

Es gibt folglich vier Fragen, die für die Politik heute von entscheidender Bedeutung sind: Erstens die Frage nach der allgemeinen Überzeugung, also das, was ich den „neuen Kommunismus“ nenne, das Vier-Punkte-Programm und so weiter. Zweitens die Frage, wie man durch konkrete Versuche auf globaler Ebene den Zusammenschluss oder die Integration der vier Kräfte realisieren kann: den Zusammenschluss des nomadischen Proletariats, des unteren Teils der Mittelklasse, der Jugendbewegung und der Intellektuellen. Dabei muss man sich von bestehenden Erfahrungen inspirieren lassen, zum Beispiel von den Erfahrungen der jungen Leute, die sich für Geflüchtete einsetzen. Das betrifft zwar nur einen kleinen Teil des Problems, aber es ist schon mal eine Erfahrung. Oder von denen der Intellektuellen, die sich für Arbeiter einsetzen, die keine Papiere haben. All das findet im Zusammenspiel dieser vier Kräfte statt. Die dritte Frage ist die nach der Erfindung einer neuen Disziplin. Sie betrifft das Problem der Organisation – eine Organisation, die nicht der Organisationsform der kommunistischen Parteien entspricht.

Und schließlich müssen wir noch die Frage der Gewalt diskutieren. Denn ich denke, ein Teil der Bilanz der bisherigen kommunistischen Versuche ist, dass dabei immer die Zerstörung im Vordergrund stand. Ich erinnere mich an einen Satz, den man ständig wiederholte: „Keine Konstruktion ohne Destruktion“. Dass die reine Zerstörung aber auch jede Konstruktion ausschließt, hat man dabei in der Tat vergessen. Ich glaube vielmehr, dass die kommunistische Politik zunächst eine Politik der Affirmation ist, in der der Wunsch, etwas herzustellen, etwas zu schaffen an allererster Stelle steht.

Man glaubte, dass die neue Idee aus der Zerstörung entstehen werde. Ich denke, dass das ein Trugschluss war. Wenn man zerstört, dann macht man sich in der Zerstörung heimisch, das heißt im permanenten Gebrauch der

Gewalt. Folglich würde ich sagen: In Wahrheit darf jede Form von Gewalt – vorausgesetzt, dass sie notwendig ist – ausschließlich der Verteidigung dienen. Wenn man etwas herstellt, ist man verpflichtet, es zu verteidigen, aber man hat kein Recht, einfach irgendetwas zu zerstören, das einem nicht passt. Ich denke, es ist notwendig, dass man die Gewalt strikt kontrolliert, dass es eine Gewalt ist, die ausschließlich dazu bestimmt ist, Affirmationen, Konstruktionen, Innovationen und Neuheiten zu verteidigen und die nicht genutzt wird, um auftauchende Probleme auf einen Sündenbock abzuwälzen, den man dann einfach aus dem Weg räumen kann.

Die Kultur der kommunistischen Parteien war eine destruktive, die auf der Idee des Klassenhasses basierte. Da sie philosophisch stark an Hegel orientiert war, betonte sie das Negative und war der Idee verpflichtet, dass die Negativität kreativ sei. Aber es ist nicht wahr, dass die Negativität kreativ ist. Negativität ist Negativität. Die Wahrhcit ist, dass die Schöpfung die Negativität unter Umständen voraussetzt. In diesem Sinn muss man es verstehen und nicht anders herum. Und wenn man das den Leuten beibringt, diese Form von Disziplin, dann ist das Ergebnis mit Sicherheit ein anderes als das, was dabei herauskommt, wenn man sie so ausbildet wie bisher. In den sozialistischen Staaten war die Idee vorherrschend, dass es, wenn etwas nicht funktioniert, einen Schuldigen geben müsse, der dafür verantwortlich ist, dass es nicht funktioniert. Man wird also einen Schuldigen ausfindig machen, man wird ihn bestrafen, ihn eliminieren, und es wird funktionieren. Aber man macht es sich etwas zu einfach, wenn sich man sagt, es müsse einen Saboteur geben, sobald etwas nicht funktioniert. Schließlich verbringt man seine Zeit nur noch damit, irgendwelche Leute zu beseitigen. Insbesondere die meisten der kleineren Kader hat dieses

Schicksal ereilt. Sie konnten nichts mehr entscheiden, weil sie Angst hatten, beseitigt zu werden.

Peter Engelmann: Ja, das war die Realität in all diesen Ländern.

Alain Badiou: Warlam Schalamow beschreibt sehr treffend die Situation in den sowjetischen Gefangenenlagern, wo die Gangster, die Ganoven letztlich mächtiger waren als die Kader des Lagers, weil sie wussten, dass die Kader Gefahr liefen, aus dem Verkehr gezogen zu werden, sobald es ein Problem gab. Also sorgte man dafür, dass es ein Problem gab, und der Kader wurde bestraft, während der Ganove davonkam. Die Autorität des kriminellen Netzwerkes war also in Wirklichkeit stärker als die der Lageraufseher. All das hängt mit dem Problem der Negativität zusammen. Ich denke, das ist eine überaus wichtige Frage, die ebenfalls mit der Frage der Disziplin zu tun hat.

Zweites Gespräch

Der neue Imperialismus

Peter Engelmann: Du interpretierst die zeitgenössischen Praktiken des globalisierten Kapitalismus als neue Form des Imperialismus. Du sagst, der Kapitalismus erzeuge heute keine Kolonien mehr, sondern destabilisiere Staaten. Darin bestehe der Unterschied zwischen dem alten und dem neuen Imperialismus. Diese Destabilisierung ist für Dich einer der Gründe oder sogar der Hauptgrund für die Migration, die heute so viele Menschen vor Probleme stellt, und zwar sowohl diejenigen, die gezwungen sind, ihre Heimatländer zu verlassen, als auch diejenigen, die sie aufnehmen müssen und die deswegen unter enormen politischen Druck geraten. Das führt dann zu ganz unterschiedlichen Reaktionen. Meine erste Frage wäre: Warum ist es heute im Interesse des globalisierten Kapitalismus, Staaten zu destabilisieren, statt Länder zu kolonisieren?

Alain Badiou: Man muss zunächst die klassische Form des Imperialismus betrachten. Die klassische Form des Imperialismus im 19. und 20. Jahrhundert ist in Wahrheit die Idee einer Aufteilung der Welt zwischen den großen imperialistischen Mächten. Diese Aufteilung hat zu einem bestimmten Zeitpunkt vornehmlich zwischen Frankreich und England stattgefunden. Einer der Gründe, der zum Ausbruch der beiden Weltkriege führte, war übrigens, dass Deutschland, dass die Deutschen von dieser Aufteilung ausgeschlossen waren, obwohl sie unbedingt daran teilhaben wollten. Dadurch entstand nun also das, was man „Imperien" nannte. Deswegen spricht man von Imperialismus. Imperium bedeutet, dass die dominanten Mächte – England, Frankreich und zum Teil auch kleinere Länder wie Holland oder Spanien – die Welt unter sich aufteilen und die politische Macht in den Ländern ausüben, die ihrem Imperium unterstehen. Anders ausgedrückt: Man verfügte über die unmittelbare Macht und letztlich wurden die großen politischen Entscheidungen, die diese Länder betrafen, in Paris und London getroffen. Es waren große, zentralisierte Imperien mit lokalen Verwaltungen, die der zentralen Regierung Rechenschaft schuldig waren. Das hatte zur Folge, dass die wirtschaftlichen Entscheidungen – also wer das Recht hatte, sich an der Plünderung der Ressourcen, an der Ölförderung und so weiter zu beteiligen – von den großen imperialen Mächten getroffen wurden, die sich natürlich zuerst selbst bedienten, bevor sie die Reste dann den großen Unternehmen anboten.

Warum wurde dieses System nun nach und nach schwächer? Ich denke, es gibt zwei Hauptgründe: Erstens die Schwächung der großen europäischen Metropolen, die von den zwei Weltkriegen vollkommen ausgezehrt waren; und zweitens das Auftauchen neuer Mächte – ich denke hier natürlich an die Vereinigten Staaten –, die nicht an der Aufteilung der Welt teilgenommen hatten, aber jetzt ebenfalls aktiv ins Weltgeschehen eingreifen wollten, die also mit der Tradition ihres sogenannten „Isolationismus" gebrochen hatten. Diese Macht der Vereinigten Staaten, die sich nach und nach als stärker erwiesen hatte als die militärischen und kolonialen Kapazitäten Frankreichs und Englands, begann seit dem Ersten Weltkrieg, die europäische Geschichte maßgeblich zu beeinflussen. Das war der erste Faktor, der zweite waren die Revolten, Aufstände und Befreiungskriege, die von dieser Entkräftung begünstigt in allen Ländern des englischen und französischen Imperiums ausbrachen, insbesondere nach dem Zweiten Weltkrieg. Dazu zählten der indische Aufstand unter der Führung Gandhis, der Algerienkrieg, der Krieg in Indochina und so weiter. Eine ganze Serie von Befreiungskriegen also, in denen es den Kolonialmächten letztlich nicht gelungen ist, ihre administrative Gewalt zu bewahren und die sie stattdessen dazu zwangen, Unabhängigkeitsverhandlungen zu führen und so weiter. Die alten Mächte wurden so allmählich besiegt.

Was ist also nun geschehen? Die ganze Welt trat in einen Konkurrenzkampf um die Kontrolle, die Plünderung und Ausbeutung der Bodenschätze. Aus dieser neuen Situation resultierten entweder schwache, korrupte Staaten, die sich gehorsam den Kolonialmächten andienten, oder aber der Versuch stärkere Staaten zu schaffen, die dem imperialen Druck mehr Widerstand entgegensetzen konnten, und schließlich das, was ich „Zonen“ nenne: also Bereiche, in denen der Staat vollständig oder fast vollständig verschwunden ist. In diesem System der Destabilisierung von Staaten hat der Imperialismus seine neue Existenzform gefunden. Eine Zone, in der es kaum oder gar keine staatlichen Strukturen gibt, steht im Grunde denen offen, die über das meiste Kapital, die meisten Söldner und die größten Kapazitäten zur Intervention verfügen. So ist heute der Großteil der afrikanischen Gebiete von verschiedenen imperialistischen Gruppen umkämpft: Man findet Chinesen im Sudan und in Kamerun, es gibt Rivalitäten zwischen China und Frankreich in Zentralafrika und so weiter. Ich bezeichne das als „Zonierung“: eine neue Form des Imperialismus, die, anstatt Staaten einzusetzen, die an eine bestehende Kolonialmacht gebunden sind und ihr vollkommen unterstehen, entweder schwache Staaten erzeugt, die für Korruption empfänglich sind und die sich mit Rückhalt der Metropole der Polizei bedienen, um die Bevölkerung zu unterdrücken, oder die – wenn der jeweilige Staat sich rebellisch verhalten hat und man ihm nicht traut – vollständig offene Zonen erzeugt. Man weiß, dass insbesondere Staaten wie Libyen unter Gaddafi, der Irak unter Saddam Hussein oder auch Syrien unter Bashar Al Assad dem Einfluss der westlichen Mächte nicht wirklich offenstanden, weil sie seit langem über eigene Allianzen verschiedener Art verfügten und darüber hinaus entfernte Verbindungen zu Russland unterhielten.

Peter Engelmann: Aber man darf den Imperialismus der Periode zwischen dem Zweiten Weltkrieg und dem Fall der Sowjetunion nicht vergessen, die Phase des Imperialismus, in der sich der Westen und der Osten in Afrika in zwei Blöcken gegenüberstanden.

Alain Badiou: Natürlich, aber von dem Moment an, wo sich abzeichnete, dass die Schwächung der UdSSR auch ihre Verbündeten schwächte, hat man diese Staaten ganz einfach zerstört. Man hat die neue Situation ausgenutzt, um sie zu zerstören. Ich stimme da ganz mit dir überein. Aber dadurch wurden die staatlichen Strukturen vollkommen aufgelöst. Im Endeffekt entstanden so verwüstete Zonen, die von bewaffneten Banden kontrolliert wurden, mit denen man so gut es ging zu verhandeln versuchte. Ganze Teile von Afrika befinden sich in diesem Zustand: der gesamte Osten des Kongo, der Süden des Sudan, ein großer Teil von Kamerun, Ruanda, Somalia und mittlerweile auch Libyen. All diese Zonen sind den militärischen Interventionen lokaler und fremder Kräfte schutzlos ausgeliefert. Mit dieser Form von Politik, die ich als „neuen Imperialismus“ bezeichne, hat der offene Kampf um die Kontrolle der Bodenschätze und die lokalen Ressourcen gewissermaßen von Neuem begonnen.

Peter Engelmann: Und profitieren die Kapitalisten von diesem neuen Imperialismus?

Alain Badiou: Zweifellos! Das Problem besteht darin, eine relative Souveränität über einen Staat oder eine bestimmte Zone zu erlangen, um so von den Bodenschätzen profitieren zu können. Nehmen wir ein Beispiel: An der Grenze zwischen Sudan und Süd-Sudan wird noch immer Öl verkauft, und zwar, je nachdem welche militärischen Kräfte beteiligt sind, an ganz unterschiedliche Abnehmer.

Peter Engelmann: Auch der IS handelt mit Öl.

Alain Badiou: Genau, der IS verkauft kontinuierlich Öl, insbesondere in die Türkei. Noch immer sind ganze Ölkonvois in Richtung Türkei unterwegs. Die Maxime in dieser Situation ist: *„business is business“*. Es gibt zwar auch politische Fragen wie die der Besatzung und so weiter, aber Geschäft bleibt Geschäft. Im Grunde ist es für die großen Firmen oftmals einfacher, mit lokalen Militärs zu verhandeln als mit Staaten, denn erstens verkaufen sie billiger und zweitens machen sie weniger Arbeit.

Peter Engelmann: Kann man also sagen, dass es zwei Folgen dieses neuen Imperialismus und der Destabilisierung der Staaten gibt: nämlich den Terrorismus und die Migration?

Alain Badiou: Ja, daran besteht kein Zweifel! Auch wenn ich letztes Mal gesagt habe, dass ich – als Kommunist – einen kontrollierten Abbau des Staates befürworte, bin ich trotzdem davon überzeugt, dass es heutzutage kein schlimmeres Übel für ein Volk gibt als die Abwesenheit des Staates. Ich denke, beides ist richtig. Wenn der Staat nicht vorhanden ist, ist das Volk dem Schlimmsten ausgeliefert. Das ist schon seit dem Mittelalter der Fall. Die Folge ist, dass bewaffnete Banden gesetzlos durchs Land ziehen, während die Zivilbevölkerung all dem ausgeliefert ist, und zwar nicht nur den Taten dieser Banden, sondern auch den Bombardements der westlichen Staaten. Die Menschen können unter diesen Bedingungen nicht leben, und das löst natürlich riesige Migrationsbewegungen aus. Trotzdem haben diese Migrationsströme keinen besonders störenden Einfluss auf das Geschäft.

Ich erinnere mich an ein Interview mit Chinesen im Südsudan, das ich in einem Film gesehen habe. Sie haben sich dort nach der Spaltung von Sudan und Südsudan niedergelassen, um Öl zu fördern. Im Interview sagen nun diese Chinesen – die in dieser Hinsicht viel zynischer und aufrichtiger sind als die Amerikaner –, dass das einzige Ärgernis in dieser Region darin bestehe, dass es da immer noch Menschen gebe. Denn im Grunde ist es für das, was man vor hat, und um zu finden, was man dort sucht, nicht von Vorteil, dass dort Menschen leben. Das ist das Problem. Es gibt zwar noch Menschen dort, aber die Situation in dieser Region ist absolut entsetzlich! Der Bürgerkrieg ist grauenvoll, die Dörfer sind niedergebrannt, aber es gibt noch immer Menschen, die versuchen dort zu überleben. In Wahrheit sind die Bedingungen zur Ölförderung in einer Region, die vollkommen verlassen ist, sehr vorteilhaft.

Auch wenn ich nicht sagen will, dass wir bereits an diesem Punkt angelangt sind, führt uns das schon recht nahe an die Völkermorde, die während des Kolonialismus verübt wurden: Wir können die Besetzung von Gebieten durch kolonialistische Banden beobachten, die in den Einheimischen nichts als lästige Störenfriede sehen und vollkommen damit einverstanden sind, dass sie entweder ins Exil gehen oder sogar umgebracht werden. Vergessen wir nicht, dass das genau die Vorgehensweise der Vereinigten Staaten war! Die Vereinigten Staaten haben sich in einem Land angesiedelt, in dem sie zunächst die ganze Bevölkerung aus dem Weg geräumt haben. Und darauf haben sie dann die Demokratie errichtet!

Peter Engelmann: Welche Rolle spielen die terroristischen Banden in dieser Situation?

Alain Badiou: Meiner Meinung nach sind die bewaffneten Banden Akteure auf dem Weltmarkt. Ich will damit nicht sagen, dass sie Verhandlungspartner der bestehenden politischen Staaten sind; es ist doch etwas komplizierter. Es sind Parasiten, die sich vom Weltmarkt ernähren. Das heißt, der Islamische Staat könnte nicht überleben, wenn er nicht mit Öl handeln würde oder mit Kunstwerken – denn bei all der Zerstörung, die er anrichtet, ist er doch klug genug, die Kunstwerke zu verschonen –, und außerdem verkauft er große Mengen von Baumwolle, die er in Syrien in seinen Besitz gebracht hat. Er ist also ein Händler auf dem Weltmarkt. Und im Grunde weiß man sehr genau, dass man von einem Händler auf dem Weltmarkt nicht verlangt, seine Schuldenfreiheit zu beweisen oder dass er zivilisiert ist; maßgeblich ist allein der Preis seiner Waren. Alle terroristischen Banden leben aktuell von der Plünderung, und es ist bekannt, dass es eines der großen Ziele dieser Banden ist, einen Teil der Ölquellen unter ihre Kontrolle zu bringen. Dabei ist es bemerkenswert, dass diese bewaffneten Banden heute praktisch nur in Regionen existieren, in denen es

Ölvorkommen gibt: In Libyen gibt es Ölreserven, ebenso im Irak und auch im Norden Nigerias, wo die furchtbare Gruppe Boko Haram ihr Unwesen treibt. Was passiert also mit dem Öl, wenn es keinen Staat mehr gibt? Wie wird das Öl verkauft? Ganz einfach: von den Gangstern!

Peter Engelmann: Ist diese Entwicklung denn im Interesse der Kapitalisten in den westlichen Ländern?

Alain Badiou: Ich glaube, die stören sich kaum daran. Es stört vielleicht die Öffentlichkeit, und das führt zu unangenehmen Komplikationen, weil man ihr erklären muss, was dort vor sich geht, und gezwungen ist, ihr Lügen aufzutischen. Denn wenn man die Dinge genau verfolgt, zum Beispiel was in Zentralafrika passiert, dann erkennt man, dass die ganze staatliche Propaganda verlogen ist und die öffentlichen Angelegenheiten vollständig verschleiert, genau wie die Aktivitäten der großen Unternehmen und selbst die wahren Ziele der staatlichen Militärinterventionen.

Peter Engelmann: Aber gibt es da nicht eine gewisse Diskrepanz zwischen den Staaten und den Kapitaleigentümern? Denn, wenn beispielsweise Frankreich in Mali interveniert, dann geschieht das doch im Namen der Bevölkerung, im Namen der Demokratie.

Alain Badiou: Ja schon, aber man weiß sehr gut, dass es genauso im Namen der großen französischen Kapitalisten geschieht! Zum Beispiel weil eine Gefahr für Areva besteht. Areva ist ein Unternehmen, das einen ganzen Teil von Afrika besetzt hält und das über seine eigenen bewaffneten Söldner verfügte. Nichtsdestotrotz ist der französische Staat gezwungen, dieses Unternehmen zu beschützen, denn es liefert gewissermaßen die Uran-Ressourcen der gesamten französischen Atomindustrie. Natürlich hat die französische Armee auch eingegriffen, um Areva zu schützen. Nur in der Presse wird man darüber nicht allzu viel lesen. Denn, wie ich Dir letztes Mal gesagt habe, befindet sich die Presse zum Großteil in den Händen von Leuten, die in Areva investiert haben wie in all die anderen französischen Unternehmen. Folglich werden sie darüber nichts berichten, sondern stattdessen erklären, dass man eingreife, um die Bevölkerung zu schützen und gegen die bewaffneten Banden zu kämpfen. Zum Teil ist das auch wahr, aber der eigentliche Grund der Intervention ist ein anderer. Am Grunde des Ganzen steht die Frage, wie man mit militärischen Mitteln die ökonomische Profitabilität dieser Zonen in Afrika und im Mittleren Osten schützen kann.

Peter Engelmann: Und der Preis für diese Destabilisierung sind die Migration und der Terrorismus?

Alain Badiou: Absolut! Das steht ganz außer Frage! Zu der Zeit, als Saddam Hussein und Gaddafi an der Macht waren – und ganz unabhängig davon, was man ansonsten von Saddam Hussein und Gaddafi halten mag, das ist eine andere Frage –, zu ihrer Amtszeit gab es weder große Migrationsbewegungen im Mittleren Osten noch bewaffnete Banden. Das ist sicher! Denn sie agierten immerhin innerhalb staatlicher Strukturen! Man mochte sie ganz einfach deswegen nicht, weil sie sich nicht als verlässliche Partner erwiesen hatten. Von Zeit zu Zeit orientierten sie sich in Richtung Russland und so weiter. Außerdem machte Gaddafi zwei Vorschläge, die für die westlichen Verbündeten vollkommen inakzeptabel waren: Erstens hatte er die Idee, eine afrikanische Währung zu gründen, und dieses Vorhaben richtete sich unmittelbar gegen Frankreich, das ja den afrikanischen Franc[3] eingesetzt hatte. Das war auch einer der Hauptgründe für den Angriff Frankreichs auf Gaddafi. Es ist wichtig, sich das vor Augen zu führen! Zweitens schlug Gaddafi in einer großen Rede in den Vereinigten Staaten eine ganze Reihe von politischen Lösungen für unterschiedliche Probleme vor, einschließlich einer Einstaatenlösung für Israel und Palästina. Er hat sich also nicht an die Spielregeln gehalten. Man musste ihn von der Bildfläche entfernen, und das ist genau, was geschehen ist. Bis heute ist Libyen eine vollkommen gesetzlose Zone. Es gibt zwei rivalisierende Regierungen, der IS hat sich in einem Teil des Landes niedergelassen – und das Geschäft läuft weiter wie bisher!

Peter Engelmann: Was ist deine Prognose für diese Region? Wird sie sich weiter destabilisieren?

Alain Badiou: Ich denke, es wird noch eine ganze Weile so weitergehen. Besonders, weil sich jetzt all die großen Mächte in diese Angelegenheit eingemischt haben, und jeder hat seine eigene Vision, die von denen der anderen abweicht. Das erinnert mich sehr an die Situation auf dem Balkan vor dem Ersten Weltkrieg – sprich an das Chaos, die geschwächten Regime, die lokalen Konflikte und die drei Balkankriege sowie das Eingreifen Frankreichs, Englands, Russlands und der Türkei in diese Angelegenheit. Man darf nicht vergessen, dass der Erste Weltkrieg in Sarajevo begonnen hat, mit der Balkanaffäre. Heute kreisen russische, amerikanische und französische Flugzeuge über Syrien. Die einzige große Macht in dieser Region, die nicht besiegt wurde, ist der Iran, und der Iran hat sehr komplexe Beziehungen zu aller Welt.

Die Situation ist also äußerst instabil und stellt uns vor die sehr reale Möglichkeit eines Krieges, der ausbrechen könnte, obwohl ihn niemand wirklich will; ganz einfach deswegen, weil die Situation irgendwann so festgefahren sein könnte, dass er sich nicht mehr vermeiden lässt. Auch den Ersten Weltkrieg hat keiner wirklich gewollt. Man streitet sich noch immer über diesen Punkt: Wer wollte wirklich den Ersten Weltkrieg? Es gibt ganze Bücher zu diesem Thema. Waren es die Deutschen? Die Franzosen? Oder waren es die Engländer? In Wahrheit wollte niemand den Krieg, aber er ist ausgebrochen, weil es allmählich unmöglich wurde, die Balkanfrage zu lösen. Aus diesem Grund beunruhigt mich die aktuelle Situation, nicht nur, weil ich finde, dass sie furchtbar und verheerend ist und dass sie Unmengen von Opfern fordert, sondern weil sie meiner Meinung nach die sehr reale Gefahr eines Krieges in sich birgt. Und nur weil keiner wirklich Interesse an einem Krieg hat, heißt das noch lange nicht, dass er nicht ausbrechen kann. Der Erste Weltkrieg beweist das Gegenteil. Wir sollten uns also wieder auf jene alte Maxime besinnen, die Jean Jaurès – der sicher kein Extremist war – formuliert hat: „Der Imperialismus trägt den Krieg in sich, wie die Wolke das Gewitter".[4]

Politik der Identität

Peter Engelmann: Stellt nicht auch die Religion ein Problem dar? Der Islam ist nun mal eine sehr traditionelle Religion, in der insbesondere die Rechte der Frauen sehr eingeschränkt sind. Muss man nun angesichts der Tatsache, dass viele der Migranten dem Islam angehören, nicht befürchten, dass diese Konfrontation unterschiedlicher Werte zu Problemen in unseren Gesellschaften führt?

Alain Badiou: Ich finde, diese Furcht ist absolut übertrieben und überflüssig. Es ist eine Erfindung des Abendlandes, ein Phantasma. In meiner Kindheit war es ganz normal, dass die Frauen auf dem Land in Frankreich Kopftücher trugen, weil sie Christinnen waren. Aber nehmen wir an, dass die arabischen Länder in ihrer Entwicklung 40 Jahre zurück sind: Wo liegt dann das Problem? Die Migranten kommen in unsere Gesellschaften, deswegen werden diese Dinge bei ihnen genauso verschwinden, wie es bei uns der Fall war. Warum gibt es das bei uns nicht mehr? Warum tragen die christlichen Frauen keine Kopftücher mehr? Weil das Christentum an Bedeutung verloren hat. Die moderne Gesellschaft schwächt die Religionen. In allen ländlichen und dörflichen Regionen ist die Religion stark. Wenn sie in das urbane Leben integriert wird, in das Leben des entwickelten Kapitalismus, wird sie schwächer – ganz von selbst. Genau wie das in Europa der Fall war. Es ist völlig absurd, zu denken, dass das wesentliche Problem unserer modernen Gesellschaften die Religion sein soll. Noch dazu ist es extrem gefährlich, denn es hetzt die unterschiedlichen Bevölkerungsgruppen gegeneinander auf. Dabei ist es unsere Bestimmung, uns zu vermischen. Die Migranten werden kommen! Glaubst Du, man kann Leute davon abhalten, hierher zu kommen, die aus Gründen kommen, die so schwerwiegend sind, dass sie dafür ihr Leben riskieren, dass sie riskieren, mit ihren Booten im Meer zu ertrinken? Um sie zu stoppen, müsste man schon faschistische Systeme errichten. Anders wird man es nicht schaffen. Man wird die Grenzen schließen müssen, diejenigen ausweisen, die bereits hier sind, den Islam verbieten – mit anderen Worten: die Forderungen der extremen Rechten erfüllen.

Peter Engelmann: Aber man kann ja bereits eine Entwicklung in diese Richtung beobachten, oder nicht?

Alain Badiou: Es geht in diese Richtung, und zwar deswegen, weil man überall das Märchen vom Krieg der Kulturen verbreitet. Der Krieg der Kulturen, das ist ein Witz! Man redet immer vom Islam, dabei gibt es in Amerika christliche Gruppen, die Morde an Medizinern verüben, weil sie Abtreibungen vornehmen! Warum redet man also nicht von christlichem Terrorismus? Es gibt keinen Krieg zwischen dem Christentum und dem Islam, das ist Unsinn! Das ist der Krieg einiger Faschisten mit religiösen Ideologien – wie sie die Faschisten im Übrigen schon immer gehabt haben, im spanischen Bürgerkrieg gab es etliche von dieser Sorte –, es ist ein politisches Problem! Ein politisches Problem, das darin besteht, allmählich eine andere Stimme zu entwickeln, eine andere Art, die moderne Gesellschaft kritisch zu denken, die nicht der reaktionären Kritik der christlichen Tea

Party in Amerika entspricht – mitsamt Donald Trump, der meiner Meinung nach um einiges gefährlicher ist als jeder Islamist.

Angenommen Trump kommt in Amerika an die Macht, dann bedeutet das eine viel größere Gefahr für uns als die Existenz irgendwelcher Islamisten. Deswegen muss man damit aufhören! Man muss die Verbindung von Politik und Identität auflösen, egal ob es sich dabei um eine christliche, abendländische, muslimische oder orientalische Identität handelt. Und damit, dass man sagt, das Abendland führe einen Krieg der Demokratie gegen den islamistischen Terrorismus, macht man die Sache auch nicht besser. Ganz im Gegenteil! Man wird damit der extremen Rechten in die Hände spielen, das ist sicher. Und genau das ist es, was passiert! Das ist es, was sich vor unseren Augen abspielt! Wer profitiert denn von dieser Kritik am Islam? Glaubst Du, die Demokraten profitieren davon? Sicher nicht! Die Demokraten werden sagen, dass die Islamfrage kein gravierendes Problem darstellt. Ganz ehrlich, die Tatsache, dass die Frauen einen Schleier auf dem Kopf tragen, inwiefern gefährdet das das demokratische Leben der Gesellschaft? Es ist doch verrückt, das zu denken!

Peter Engelmann: Du meinst also, man sollte die islamistische Propaganda einfach hinnehmen?

Alain Badiou: Aber welche islamistische Propaganda denn?

Peter Engelmann: Sie sagen, dass der Islam sich ausbreiten müsse und ...

Alain Badiou: Aber weißt Du überhaupt, was Du da sagst? Bist Du nicht gerade selber im Begriff zu sagen, dass man die abendländischen Werte verbreiten müsse und dass die Frauen im Orient kurze Röcke tragen sollten?

Peter Engelmann: Nein.

Alain Badiou: Nein? Was willst Du denn sonst damit sagen?

Peter Engelmann: Mir ist das ganz egal ...

Alain Badiou: Es ist Dir nur egal, solange sie bei sich bleiben, Du willst aber nicht, dass sie hierher kommen.

Peter Engelmann: Ich möchte, dass die Frauen hier kurze Röcke tragen können.

Alain Badiou: Und warum?

Peter Engelmann: Weil ich das gut finde.

Alain Badiou: Das ist aber wirklich eine bedeutsame politische Position! Lass doch die Leute gewähren, die wollen, dass die Frauen lange Röcke tragen! Bitte, das wäre viel demokratischer! (lacht)

Peter Engelmann: Du hast angefangen mit den kurzen Röcken. Mir ist das wirklich egal.

Alain Badiou: Ich bin nicht dagegen, dass man kurze Röcke trägt, aber auch nicht dagegen, dass man lange Röcke trägt! Ich bin nicht dafür, dass man Kopftuch trägt, ich bin aber auch nicht dagegen, dass man Kopftuch trägt. Es ist mir wirklich vollkommen egal! Das sind Fragen, die politisch völlig irrelevant sind, und wenn man sie zu politischen

Fragen macht, dann spielt man das Spiel der Faschisten. Denn der Faschismus hat eine präzise Definition: Es ist eine Politik, die sich auf die Identität gründet. Das ist der Faschismus, immer! Und emanzipatorische Politik, freie Politik darf niemals identitäre Kategorien einführen. Ob jemand auf diese oder jene Weise lebt, spielt keine Rolle. Ob man lange oder kurze Röcke, Kopftuch trägt oder nicht, das spielt für die Politik keine Rolle! Man muss zulassen, dass die Menschen ihre Identitäten ausleben können, es wird immer unterschiedliche Identitäten geben! Emanzipatorische Politik wird immer jenseits der Identität gemacht, indem sie beweist, dass sie für alle Identitäten funktioniert! Sie darf keine Identitäten unterdrücken, denn sobald man Identitäten unterdrückt, handelt es sich um Faschismus! Da gibt es gar keinen Zweifel! Man beschwert sich darüber, dass muslimische Prediger den Islam verkünden, dabei predigen die katholischen Pfarrer ihre Religion doch genauso!

Peter Engelmann: Du siehst da also gar keine Gefahr?

Alain Badiou: Überhaupt nicht! Was denn für eine Gefahr? Was soll denn passieren? Glaubst Du etwa, dass die Franzosen jetzt massenweise zum Islam übertreten?

Peter Engelmann: Nein ...

Alain Badiou: Na also! Was soll dann die Gefahr sein? Erklär mir, worin die Gefahr besteht! Die Gefahr besteht darin, dass es zu viele Idioten gibt, die denken, dass es da eine Gefahr gibt. Das ist die Gefahr! Denn politisch wirst Du diese Idioten bald auf der Seite von Le Pen oder von Haider und seinen Nachfolgern wiederfinden, das kannst Du mir glauben.

Peter Engelmann: Aber was ist mit all den Attentaten, die Attentate auf Charlie Hebdo, auf das Bataclan und so weiter?

Alain Badiou: Die Attentate müssen natürlich geahndet werden! Die Attentate, die Morde, das sind die Taten von Faschisten, von islamistischen Faschisten, das ist alles. Ich bin dafür, dass diese Taten strengstens bestraft werden, keine Frage!

Peter Engelmann: Da sind wir uns also einig!

Alain Badiou: Wir sind uns einig, abgesehen davon, dass ich der Meinung bin, dass die Forderungen nach der Bestrafung dieser Faschisten, die in der aktuellen Situation laut werden, Teil einer gefährlichen Propaganda sind, die der extremen Rechten in die Hände spielt, weil es eine identitäre Propaganda ist!

Man sollte ganz einfach sagen: „Jemand, der Morde verübt, muss gestoppt und bestraft werden", fertig! Weil es ein Faschist ist! Ganz egal, ob sein Geschwätz islamistisch oder christlich ist! Ich habe dir ja gesagt, dass es Leute gibt, die in den Vereinigten Staaten Morde im Namen des Christentums begehen. Man weiß also sehr gut, dass das nicht das Problem ist. Das Problem liegt darin, zu erkennen, dass es sich bei Leuten, die gemeinsam Mordanschläge auf Zivilisten organisieren – und noch dazu aus identitären Gründen – um Faschisten handelt, die man zu stoppen und als solche zu bestrafen hat. Dem stimme ich vollkommen zu. Aber zwischen dieser Ansicht und der Überzeugung, dass die Existenz des Islams ein wesentliches Problem für unsere Gesellschaften darstellt, liegt eine tiefe Kluft, und ich weigere mich darüber hinwegzusehen. Es ist eine tiefe Kluft! Es ist ganz und gar nicht der gleiche Gedanke! Der Islam ist nicht das Problem.

Ich kenne unzählige Arbeiter, die dem Islam angehören und die offen gestanden um einiges anständiger sind als die Mehrheit derer, die schreien: „Nieder mit dem Islam!" Das kann ich wirklich bezeugen. Genau wie diese Arbeiter gab es in Frankreich lange Zeit eine große Zahl christlicher, katholischer Arbeiter – vor allem aus der Bretagne oder aus dem Elsass –, die sehr streng religiös waren und deren Frauen Kopftücher trugen. Und Frankreich hat auch sie überlebt!

Peter Engelmann: Du sagst also, das der Terrorismus, der heutzutage im Namen des Islam verübt wird, nichts mit der Religion zu tun hat?

Alain Badiou: Natürlich hat er streng genommen etwas mit der Religion zu tun, in dem Sinne, dass die Religion in ihrer Eigenschaft als Religion – das heißt als etwas, das das Privatleben der Menschen betrifft – von den terroristischen Banden politisch instrumentalisiert wird, und zwar um Ziele zu erreichen, die alles andere als religiös sind, nämlich um ihren politischen Einflussbereich auf ganze Zonen ausweiten und sich so an der imperialistischen Plünderung beteiligen zu können. Nimm zum Beispiel den Islamischen Staat: Du wirst mich nicht davon überzeugen können, dass der IS in erster Linie religiös motiviert ist.

Peter Engelmann: Und die Terroristen in Europa, die hier bei uns Terroranschläge verüben? Das sind doch islamistische Fundamentalisten!

Alain Badiou: Aber Du weißt doch sehr gut, dass diese Leute von den organisierten Kommandos der terroristischen Banden hierher geschickt werden, um im Westen ein Klima des Terrors und der Ohnmacht zu verbreiten.

Peter Engelmann: Das ist eine Destabilisierungsstrategie.

Alain Badiou: Aber was für eine Destabilisierung denn? Die einzige Destabilisierung, die man befürchten muss, wenn Du nicht aufhörst, so zu denken, besteht darin, dass man überall extrem rechte Regierungen einsetzen wird. Das ist es doch, was sie wollen! Aber um das zu verhindern, musst Du aufhören, immer den Islam für alles verantwortlich zu machen! Denn der Islam ist nicht der entscheidende Aspekt. Als Republikaner und Demokrat musst Du diese Verbrechen anklagen, das ist alles! Die Tatsache, dass diese jungen Leute islamistisch motiviert sind, zeigt, dass es Faschisten sind! Wie die katholischen, christlichen Mörder im spanischen Bürgerkrieg, das ist genau dasselbe!

Peter Engelmann: Du denkst also, dass das eine neue Form von Faschismus ist?

Alain Badiou: Das ist ein neuer Faschismus, absolut!

Peter Engelmann: Wie würdest Du diesen Faschismus definieren?

Alain Badiou: Als Faschismus bezeichne ich jede politische Vision, die beansprucht, den Kapitalismus nicht mit der Moderne, sondern mit der Tradition zu verbinden. Ein Faschist ist also jemand, der vollkommen innerhalb der kapitalistischen Welt verbleibt und keine ökonomische Alternative anzubieten hat. Das sind Leute, die denken, dass der universalistische, also der globalisierte Kapitalismus ein Fehler ist und dass man zu einem Kapitalismus zurückkehren müsse, der sich mit dem Nationalismus, mit der Religion und so weiter verknüpfen lässt. Solche Strömungen sind in den europäischen Ländern und in den Vereinigten Staaten stark ausgeprägt. Wenn sie in den arabischen Staaten vorkommen, dann nehmen sie die Form islamistischer Ideologien an. In Amerika verbinden sie sich mit dem Protestantismus. Die Religion ist also nichts als ein rhetorisches Element, das in gewisser Weise den Willen zur politischen Macht, den Willen zum politischen Wandel transportiert und mit der allgemeinen Idee der Herstellung einer politisch-propagandistischen Basis verbindet, die sich auf die Tradition stützt und sie der abendländischen Moderne entgegensetzt. Das ist der Grund, warum ich behaupte, dass man diese Propaganda entscheidend schwächen wird, wenn man zeigt, dass die wahre Modernität unserer Epoche im Kommunismus liegt und nicht im bestialischen Kapitalismus.

Die Herausforderung dieser anbrechenden Epoche besteht darin, eine neue Moderne zu erfinden, die vom Kapital befreit ist. Man wird zu der alten Wahrheit zurückkehren müssen, dass die großen Gegner des Faschismus immer die Kommunisten sind. Denn andernfalls, wenn man sich innerhalb der Grenzen des globalisierten Kapitalismus bewegt, wird der Gegenschlag gegen den Faschismus immer sehr schwach ausfallen, genau wie man es heutzutage beobachten kann. Er ist deswegen so schwach, weil man dem Faschismus eine vermeintlich andere Identität entgegensetzt, in der sich aber keiner wirklich wiederfindet!

Selbst hier bei uns, als es die Anschläge in Frankreich gab, was hat die Regierung da gesagt? Sie hat die Trikolore hochgehalten und von „unseren Werten" gesprochen. Man kehrt also zum Nationalismus und zu den Werten zurück. Was glaubst Du, wird man damit gegen einen abgebrühten islamistischen Faschisten ausrichten? Überhaupt nichts! Die pfeifen doch auf Frankreich! Außerdem ist die kapitalistische Moderne ihr Feind. Man führt aktuell einen Kampf auf dem Feld der Identitäten. Wenn man sich auf dieses Feld begibt und den berühmten „Krieg der Kulturen“ zwischen dem Abendland und seinen Widersachern ausruft, dann wird man dem Faschismus Tür und Tor öffnen! Denn im Lager derer, die auf die nationalen, die abendländischen, die christlichen Werte und so weiter pochen, wirst Du immer Leute finden, die noch viel reaktionärer sind als Du (lacht)!

Peter Engelmann: Das stimmt wohl (lacht).

Alain Badiou: Der Faschismus ist also im Grunde der aktuelle Kapitalismus, nur verbunden mit der Idee, dass er funktionieren könnte, wenn er sich auf die Tradition stützen würde. Das gibt ihm in gewisser Weise die Mittel an die Hand, sich der Jugend gegenüber als ein befreiender anti-abendländischer Kapitalismus darzustellen.

Peter Engelmann: Das ist also eine der Formen des Widerstands gegen den Kapitalismus.

Alain Badiou: Ganz genau, aber es ist eine rein immanente Opposition, eine Opposition, die den Kapitalismus vollkommen akzeptiert. Sie hat keinen Gegenentwurf anzubieten. Es ist ein interner Widerstand, der sich auf religiöse, nationale Traditionen und so weiter beruft. Diese Haltung findet man beim IS und den islamistischen Terroristen, aber man findet sie genauso in Ungarn oder in Polen! Nur eben in Polen in katholischer und in Ungarn in nationalistischer Ausprägung. Für mich gehören all diese Leute zusammen. Der islamistische Terrorismus, Polen, Ungarn, Donald Trump, Le Pen – sie gehören alle zum gleichen Lager! Und man muss sich darüber im Klaren sein, dass diese Bewegungen wachsen. Sie wachsen deswegen, weil die Moderne, in ihrer rein kapitalistischen Form, insbesondere der Jugend nichts Interessantes zu bieten hat! Kohle verdienen, das ist letztlich das einzige, was sie ihr anzubieten hat. Das ist alles! Und kurze Röcke tragen! Aber Kohle verdienen und kurze Röcke tragen, das ist ein ziemlich mageres Programm!

Peter Engelmann: Diese Abwesenheit von Alternativvorschlägen ist Deiner Meinung nach also einer der Gründe, die junge Menschen für dieses Denken empfänglich machen?

Alain Badiou: Natürlich, absolut! Und ich kann sie verstehen. Wenn ich heute jung wäre, würde ich mir vielleicht auch sagen: „Den Kapitalismus wird es immer geben, es gibt keine Alternative." Ich hätte also die Wahl, mich entweder auf die Seite der Identität zu flüchten – auf die Seite der religiösen, spirituellen, nationalistischen Identitäten und so weiter – oder ein kapitalistischer Zyniker zu werden. Also spiele ich eben das Spiel: Geld ist das Einzige, was mich interessiert. Ich steche die anderen aus. Es gibt enorm viele junge Leute, die genau das tun. Oder ich werde Milliardär als Geschäftsführer eines Start-up-Unternehmens. Vor dieser Wahl stehe ich. Es fehlt offensichtlich eine dritte Alternative. Und diese dritte Alternative kann nur antikapitalistisch sein! Denn, was die anderen gemein haben, ist, dass sie im Kapitalismus verhaftet bleiben!

Peter Engelmann: Aber Attentate verüben oder nach Syrien gehen, ist das nicht auch eine Alternative?

Alain Badiou: Schon, aber die Attentate sind noch immer Teil des identitären Kapitalismus. Der Islamische Staat ist in allererster Linie ein Unternehmer. Er ist Teil des Weltmarktes. Er hat nie auch nur ein einziges Wort gegen das

Privateigentum geäußert. Er ist antimodernistisch, aber nicht antikapitalistisch! Ganz sicher nicht! Er ist ein gewalttätiger Auswuchs des Kapitalismus, wie es sie übrigens immer gegeben hat. Das sind islamistische Gangster.

Peter Engelmann: Na gut, das habe ich ja verstanden, aber was motiviert junge Leute, sich dem Kampf des Islamischen Staates anzuschließen?

Alain Badiou: Ich denke, dass die jungen islamistischen Faschisten in Wirklichkeit ein Verlagen nach dem Abendland empfinden – das Verlangen, wenn möglich auch vom Kapitalismus zu profitieren –, aber dieses Verlangen wurde enttäuscht, und weil es ihnen unmöglich scheint, ihr Verlangen zu stillen, hat es sich in Hass verwandelt. Das heißt, die Erkenntnis, dass es ihnen unmöglich ist, ihren Platz in der abendländischen Gesellschaft zu finden, hat sie dazu getrieben, ihr Verlangen in einen Hass auf das Abendland umzuwandeln.

Diese jungen Leute, die von hier kommen, die aus Frankreich kommen, haben zunächst ein leidenschaftliches Verlangen nach dem Abendland verspürt, mussten sich dann aber sagen: „Nein, es gibt hier keinen Platz für mich." Wenn sie sich äußern, sagen sie genau das! Daher gibt es viele unter den gebildeten jungen Leuten – denn das betrifft nicht nur die armen –, die denken, dass man ihnen trotz ihrer Ausbildung nicht die Stellen geben wird, die sie anstreben und die sie sich wünschen. Denn man hat ihnen ständig gesagt, dass sie ja schließlich Araber seien und so weiter, also haben sie ihr Verlangen nach dem Abendland verdrängt, sodass es nun in Form des Hasses wieder aus ihnen herausbricht.

Im Grunde kann man sagen, dass in ihnen der Todestrieb gesiegt hat. Anstatt sich in Form eines Lebenstriebs zu äußern, hat das Verlangen die Form eines Todestriebes angenommen. Sie sind zu Mördern des Abendlandes geworden, aber in Wirklichkeit haben sie im Verborgenen ein Verlangen nach dem Abendland in sich genährt. Ich denke, dass ist der Grund, warum es unerlässlich ist, der heutigen Jugend etwas anzubieten, das es ihr ermöglicht, ihre Verbitterung und ihre Enttäuschung über das Abendland in etwas Positives umzuwandeln, statt in etwas Negatives! Und das kann nur das Verlangen nach dem Kommunismus sein.

Das Prinzip des Gemeinwohls oder: Jenseits der Ökonomie

Peter Engelmann: Glaubst Du, dass die Realisierung einer kommunistischen Gesellschaft die Herstellung einer globalen Identität voraussetzt, eine kommunistische oder universelle Identität, die alle Menschen umfasst und niemanden ausschließt?

Alain Badiou: Ja, ich denke, die kommunistische Politik muss sich als eine Politik der gesamten Menschheit verstehen. Absolut! Diese Idee stammt übrigens von Marx, er sprach vom Mensch als „Gattungswesen". Gattungswesen meint ganz einfach die Menschheit als solche, und Marx hat die kommunistische Politik immer als eine verstanden, in der die Menschheit als solche sich verwirklichen würde, als eine Politik, die wirklich im Stande wäre, sich als Politik des Gemeinwohls[5], als Politik der gesamten Menschheit zu präsentieren. Und Menschheit bedeutet hier eben nicht: „Ich bin Franzose" oder „ich bin Chinese", „ich bin arm" oder „ich bin reich".

So gesehen, muss der kommunistische Kampf gegen den Faschismus immer im Namen der gesamten Menschheit geführt werden und nicht bloß im Namen der Werte einzelner Länder, so wie wenn es heißt: „Die abendländischen Staaten werden sich gegen den Faschismus zur Wehr setzen" und dergleichen.

Der Faschismus kann niemals universell sein, denn er nimmt immer eine Trennung der Welt in zwei Hälften vor: die Guten und die Bösen, die Arier und die Semiten und so weiter. Deswegen ist es auch extrem schwach, wenn Hollande anlässlich der Morde in Paris die Trikolore schwenkt und im Namen der französischen Werte zum Kampf gegen den Terrorismus aufruft. Denn damit spielt man eine Identität gegen die andere aus, dabei ist das überhaupt nicht das Problem. Das Problem besteht darin, der Identität die Universalität entgegenzusetzen! Man muss sich also überlegen, wie eine Politik des Gemeinwohls, eine Politik zum Wohle der gesamten Menschheit aussehen kann.

Peter Engelmann: Wie könnte eine solche Politik umgesetzt werden? Erfordert dies nicht eine globale Solidarität zwischen den verschiedenen Gruppen?

Alain Badiou: Ich kann Dir keinen vollständigen Plan vorlegen. Man wird Schritt für Schritt vorgehen und experimentieren müssen, aber die allgemeine Idee ist in ihrer abstrakten Form bereits klar erkennbar. All die Fragen, die das Wohl der gesamten Menschheit betreffen, erfordern eine Verwaltung auf globaler Ebene, gemäß dem Prinzip des Gemeinwohls. Der Kommunismus meint im Grunde genau das: das Gemeinwohl. Nichts weiter! Das bedeutet, dass die Politik, sofern sie existiert, im Dienste des Gemeinwohls steht.

Heute weiß man sehr gut, dass der Kapitalismus – in seiner globalisierten Form – Probleme verursacht, die sich auf die ganze Welt auswirken. Das ist in gewisser Weise sogar sein Verdienst, denn so hat er überhaupt erst die Basis für den Internationalismus geschaffen. Vorher gab es nichts, was global war! Das Problem besteht nun darin, den Weltmarkt zu überwinden, um zu einer globalen Verwaltung des Gemeinguts zu gelangen. Eine Verwaltung des Gemeinguts, das ist etwas anderes als die Ökonomie! Das ist etwas anderes! Das ist nicht einfach das Ende des Kapitalismus, sondern das Ende der Ökonomie als solcher! Die Ökonomie ist zwar eine Produktionsregel, aber die Regel, nach der eine Produktion, wie wir sie uns vorstellen, organisiert wäre, würde bestimmen, wie man all die Dinge produziert und verteilt, die zum Gemeingut gehören. Genau das ist der Kommunismus, und man kann ihn genau genommen nicht als eine Ökonomie bezeichnen, weil für eine Ökonomie letztlich immer zählt, wer dieses oder jenes besitzt, wer Produzent ist. Es müsste zwar weiterhin Produzenten und so weiter geben, aber alles würde dem Gesetz des Gemeinwohls unterstehen.

Peter Engelmann: Dem Gesetz des Gemeinwohls?

Alain Badiou: Ja, dem Gesetz des Gemeinwohls. Man kann ein beliebiges Beispiel nehmen: Wie sorgt man dafür, dass alle genug zu essen haben? Wie sorgt man dafür, dass alle die notwendige Ausbildung bekommen? Wie sorgt man dafür, dass alle Kranken Medikamente bekommen? Wie sorgt man dafür, dass alle ungestört von einem Ort zum anderen reisen können? All diese Dinge werden nicht als Instrumente des Profits betrachtet, mit deren Hilfe sich kleine Gruppen bereichern können, sondern als notwendige Lebensanforderungen aller Menschen, die sie im Übrigen selbst bestimmen.

Ich möchte Dich daran erinnern, dass der Untertitel von Marx' Kapital „Kritik der politischen Ökonomie" lautet. Also nicht „Neue politische Ökonomie", sondern „Kritik der politischen Ökonomie"! Ich denke, jetzt wo der Weltmarkt an diesen Punkt gelangt ist, müssen wir deutlich machen, dass es notwendig ist, die Ökonomie zu überschreiten und die Produktion, die Zirkulation, die Distribution und so weiter neu zu organisieren, und zwar nicht länger nach dem Diktat der Ökonomie, so wie man sie seit der Antike versteht, sondern gemäß einer Norm des Gemeinwohls.

Das ist auch philosophisch interessant, weil bisher in gewisser Weise die Überzeugung vorherrschte, dass die politische Wahrheit eine bloß relative Bedeutung habe. Das trifft auf eine Politik zu, die sich gegenüber einer bestehenden als überlegen erweist – zum Beispiel die Politik der Französischen Revolution. Das war eine Politik, die behauptete, dass eine republikanische Regierung dem despotischen monarchistischen Regime in universaler Weise überlegen sei, aber die Frage der Wahl zwischen Republik und Monarchie ist noch immer in einem bestimmten historischen Zeitraum zu verorten. Es ist eine partikulare Frage. Die Universalität des Kommunismus ist etwas anderes. Es ist keine bloß partikulare Universalität wie der Gegensatz von Monarchie und Republik, Kommunismus ist die Universalisierung der Universalität. Es ist kein Gegensatz im Sinne einer Politik, die bloß ein wenig sozialer wäre. Es ist die Idee von etwas, das die kollektive Organisation von den internen Gesetzen der Ökonomie befreit. Auf diese Weise muss man den Untertitel „Kritik der politischen Ökonomie" interpretieren. Marx benutzt eine Formulierung, die etwas seltsam erscheint, wenn er sagt, dass die Produktion im Kommunismus nicht länger durch das gesellschaftliche Verhältnis zwischen Besitzenden, Arbeitern, Bauern und so weiter bestimmt sein werde, sondern dass es eine Verwaltung von Dingen sein werde, und zwar nicht gemäß einer ökonomischen Norm, sondern gemäß dem, was man „Gemeingut" nennt.[6] Ist die Produktion eine Produktion von Gemeingütern, so ist die Geschichte eine Geschichte der Verwaltung von Dingen und nicht länger die Geschichte gesellschaftlicher Verhältnisse. Deswegen ist es notwendig, dass es polymorphe Arbeiter gibt, die nicht durch ihre Spezialisierung innerhalb des Regimes definiert sind.

Peter Engelmann: Es fällt mir schwer, mir eine gleichmäßige Verteilung der gemeinschaftlichen Güter an alle Menschen konkret vorzustellen.

Alain Badiou: Aber wieso denn? Es gibt ja bereits eine globale Distribution. Und wieso soll das weniger möglich sein als die ganz absurde Tatsache, dass es eine kapitalistische Oligarchie von einigen hundert Personen gibt, die alles beherrschen?

Peter Engelmann: Du hast recht, die Beherrschung durch einige hundert Personen klingt auch nicht vernünftig.

Alain Badiou: Das war offensichtlich möglich und trotzdem ist es vollkommen absurd!

Peter Engelmann: Ja, aber man akzeptiert es, weil es Realität ist. Ich denke dabei auch an die sozialistischen Länder, an ihre Versuche, eine gerechte Verteilung der Güter zu organisieren, die damit endeten, dass die Leute, die der Partei angehörten, nur noch an die Verteidigung ihrer eigenen kleinlichen Interessen dachten.

Alain Badiou: Aber das war noch immer Teil der Ökonomie! Im Übrigen war die sozialistische Ökonomie weit davon entfernt, kommunistisch zu sein. Selbst Mao hat gesagt, dass die sozialistische Ökonomie noch keine großen Veränderungen mit sich gebracht hat.

Peter Engelmann: Aber man hatte die Absicht, die Ökonomie zu überwinden.

Alain Badiou: Ja, aber sie wurde nicht überwunden. Das ist eine Tatsache. Und das war genau der Streitpunkt, an dem sich große interne politische Kämpfe in den sozialistischen Staaten entzündet haben.

Peter Engelmann: Wie soll es möglich sein, die Ökonomie zu überwinden?

Alain Badiou: Zunächst muss man sie überwinden wollen! Das ist wie bei einem Mathematiker, der ein Problem zu lösen hat. Er kann nicht einfach jemand anderen nach der Lösung fragen! Denn, wenn es jemand anderen gibt, der die Lösung kennt, dann ist das Problem ja schon gelöst! Deswegen ist natürlich jeder in gewisser Weise selbst für die Lösung seines Problems verantwortlich.

Zunächst braucht man eine klare Vorstellung davon, worin das Problem genau besteht. Man muss für die Welt, die das jeweilige Problem darstellt, für ihre singulären Modalitäten die möglichen Lösungen aufzeigen, die es zu finden gilt, und um sie zu finden, muss man sich effektiv mit der Natur des Problems auseinandersetzen. Deswegen ist es wichtig, dass man zunächst eine Überzeugung hat. Der Mathematiker, der an einem Problem arbeitet, braucht zumindest die sichere Überzeugung, dass das Problem lösbar ist, auch wenn er noch überhaupt nicht sieht wie. Er müht sich ab, um es zu lösen. Die Überzeugung ist die oberste Tugend der Politik. Aber es gibt noch eine andere, und das ist die Zuversicht: die Zuversicht, dass das Problem gelöst werden kann. Ich verstehe nicht, warum man sich nicht Künstler oder Wissenschaftler zum Vorbild nimmt. Wenn ein Maler ein Bild beginnt, trägt er die Verantwortung, und er muss zuversichtlich sein, dass er in der Lage ist, das Bild zu malen. Er wird nicht einfach jemand anderen Fragen: „Weißt Du, ob ich in der Lage bin, mein Bild fertigzustellen?" Auf der kollektiven politischen Ebene verhält es sich ganz ähnlich. Da braucht man auch die Zuversicht, dass man fähig ist, ein Problem zu lösen, auch wenn man noch nicht sicher ist, wie man es lösen soll. Und beim Mathematiker ist es das Gleiche! Er ist überzeugt, dass es möglich ist, das Problem zu lösen. Es gibt mathematische Probleme, die drei Jahrhunderte auf ihre Lösung warten mussten! All die Mathematiker, die das Problem in Angriff genommen haben, waren überzeugt, es zu lösen. Und schließlich wurde es auch von Jemandem gelöst.

Peter Engelmann: In all den Bereichen, die Du erwähnt hast, gibt es also die gleichen Strukturen, die auf die Überzeugung und die Zuversicht gegründet sind.

Alain Badiou: Es ist dasselbe Programm! Man hat einen bestimmten Entwicklungsstand in der Mathematik oder in der Malerei, man möchte etwas Neues machen, das heißt ein Problem lösen, dass noch nicht gelöst oder noch nicht einmal formuliert wurde. Um dies zu tun, braucht man die Zuversicht, dass es möglich ist. In gewisser Weise ist es also richtig, dass man in der Politik von der Überzeugung ausgehen muss, dass die Lösung eines Problems absolut notwendig ist.

Peter Engelmann: Wir haben gestern von den verschiedenen Akteuren des Wandels gesprochen, von den neuen Kräften, dem nomadischen Proletariat, der Mittelklasse, der Jugend und den Intellektuellen. Ich bin noch immer skeptisch, was die Möglichkeit einer globalen Solidarität angeht. Es scheint, dass heutzutage keine Solidarität im globalen Maßstab möglich ist. Ich suche daher noch immer nach strategischen Gesichtspunkten.

Alain Badiou: In gewissem Sinne betrifft das, was du forderst, die Frage einer möglichen Einheit des nomadischen Proletariats. Aber ich denke, dass diese Frage noch ganz offen ist. Sie stellt sich schon allein dadurch, dass das nomadische Proletariat allmählich eine wirklich internationale Gestalt entwickelt.

Ich möchte zu einem ganz elementaren Beispiel zurückkehren: Ich war bei einer Versammlung in Athen, und die Kernaussagen der Teilnehmer – Afghanen, Syrer, Kurden, Pakistanis und Griechen – haben gezeigt, dass sie keineswegs das Gefühl hatten, sich in fundamental unterschiedlichen Situationen zu befinden. Erstens deswegen, weil es fast alles Geflüchtete waren und zweitens, weil sie die Ursachen der Gründe, die sie hierher geführt hatten und die sie nun untereinander diskutieren konnten, alle in ähnlicher Weise interpretierten, auch wenn sie sich eigentlich auf vollkommen unterschiedliche Situationen bezogen. Der Kontext der Afghanen ist ein ganz anderer als der der Syrer, das ist eine ganz andere Geschichte, und das gilt natürlich noch viel mehr für mich oder die jungen Griechen, die dort waren.

Man konnte dort der Schöpfung einer neuen Möglichkeit beiwohnen: die Möglichkeit, an einem bestimmten Punkt zu einem Einverständnis zu kommen, und alle haben sehr gut verstanden, dass dies zwar mit der Geschichte jedes Einzelnen verknüpft war – mit den Geschichten, die uns die Afghanen, die Syrer und so weiter in der offenen Diskussion erzählt haben –, aber trotzdem nicht auf diesen individuellen Aspekt reduziert werden konnte. Das heißt, das Problem reichte weit über diese Situation hinaus! Die Probleme, die es zu lösen gilt, umfassen all diese vollkommen unterschiedlichen Situationen, verlangen aber zugleich nach Vorschlägen und Ideen, die gemeinschaftlich sind! Das hat mich in der Überzeugung bestärkt, dass die Ansicht, diese Situationen seien nicht vergleichbar, in gewissem Sinne falsch ist. Die Situationen sind heute gerade im Inneren ihrer extremen Differenz vergleichbar. Die Differenz zwischen diesen Menschen, zwischen den einzelnen Situationen war zwar sehr groß, aber das, worüber sie am Ende diskutiert haben – auch wenn sie die Unterschiede ihrer Situationen geschildert haben –, war die Frage, wie man sich vereinigen könnte, wie man angesichts dieser Situation der Schwäche stark sein könnte, wie man sich eine Zukunft vorstellen könnte, die uns allen gemein wäre, ohne dabei eine Rückkehr in unsere jeweiligen Heimatländer auszuschließen.

Über all diese Dinge wurde mit der größten Selbstverständlichkeit gesprochen. Das heißt, der große Reichtum an Erfahrungen in all ihrer Differenz hat es letztlich ermöglicht, eine gemeinsame Position zu finden. In dieser Situation ist es wichtig, eine solche Gemeinsamkeit hervorzuheben und zu zeigen, wie sehr diese Gemeinsamkeit wirklich verbindet, obwohl sie an ganz unterschiedliche Erfahrungen anknüpft. Das ist verblüffend! Selbst, wenn jeder erzählen kann, was ihm passiert ist, ist das, was bei dieser Versammlung letztlich zum Vorschein kommt, die Tatsache, dass es einen oder zwei gemeinsame Punkte gibt. Zunächst ist das etwas, das sie in ihrer aktuellen Situation vereint, das aber, darüber hinaus, potenziell alle Menschen vereinen könnte. Das ist außerordentlich kostbar, denn es handelt sich dabei nicht einfach um eine internationale Versammlung von Delegierten verschiedener Nationen, sondern um den Ausdruck eines wirklichen Internationalismus. Denn die große Schwäche des globalisierten Internationalismus ist, das er auf die Idee der Repräsentation unterschiedlicher Nationen gegründet ist. Das ist ganz und gar nicht das Gleiche!

Peter Engelmann: Ich denke, das ist auch für die dritte Gruppe, die du genannt hast, von Bedeutung: die Jugend!

Alain Badiou: Aber ja! Die Jugend wird selbst immer nomadischer. Die Jugend hat auch ein Interventionspotenzial. Sie ist heute viel mobiler als je zuvor.

Peter Engelmann: Auch die Mittelklasse sollten wir in diesem Zusammenhang noch erwähnen.

Alain Badiou: In Frankreich ist das Problem der Mittelklasse in Wahrheit eng mit dem des Faschismus verknüpft, weil ein Teil der Mittelklasse gegenüber der kapitalistischen Oligarchie eine starke Solidarität bekunden wird oder sie bereits bekundet. Die Mittelklasse bildet die Massenbasis der Oligarchie. Es gibt Teile der Mittelklasse, die dieser Solidarität mit der Oligarchie eher kritisch gegenüber stehen, entweder weil sie sich von der Entwicklung des Kapitalismus bedroht fühlen, von dem die Mittelklasse mittlerweile deutlich weniger profitiert als früher, oder weil sie der Ansicht sind, dass die Zukunft ihnen nichts Gutes bringen wird. Ich denke, dass dies innerhalb der Mittelklasse zu einem Konflikt führen wird, weil ein Teil der Versuchung erliegen könnte, die vom Faschismus ausgeht.

Historisch betrachtet besitzt jener Teil der Mittelklasse, der befürchtet in die Armut abzurutschen und der um jeden Preis seine bedrohten Privilegien verteidigen will, eine konstante Anfälligkeit für die faschistische Versuchung. Das gilt auch für die faschistoiden nationalistischen Reaktionen, die man heute in einigen europäischen Ländern oder in den USA beobachten kann. Deswegen liegt es in der Verantwortung des neuen Kommunismus, der Mittelklasse eine alternative Perspektive zum Faschismus zu eröffnen und dabei ihren Argwohn und ihre Ängste vor den Entwicklungen des zeitgenössischen Kapitalismus zu akzeptieren und ernst zu nehmen. Daher wird der neue Kommunismus, wie immer seine Gestalt in den konkreten Situationen auch aussehen mag, im Innern der Mittelklasse auf radikale Hypothesen stoßen, denen er die Stirn bieten muss. Mit radikalen Hypothesen meine ich solche, die nicht mit den Grundsätzen der Demokratie konform sind, wie zum Beispiel der Faschismus. Geschichtlich betrachtet war es letztlich immer der Kommunismus, der den antifaschistischen Kampf angeführt hat, und das wird auch so bleiben! Und wenn man glaubt, dass der demokratische Wille allein in der Lage sei, den Faschismus in die Schranken zu weisen, dann irrt man sich gewaltig! Denn man sieht, dass der demokratische Wille in Wirklichkeit sehr schnell an Kraft verlieren kann, sobald der Kapitalismus in eine Krise gerät. Und dann wird die Mittelklasse die neuen Kommunisten zur Hilfe rufen, um sich zu verteidigen. Denn in dieser Situation sehe ich keinen anderen möglichen Verbündeten als das nomadische Proletariat.

Peter Engelmann: Was kann die Philosophie zu all dem beitragen? Welche Hilfe kann sie denjenigen geben, die sich weigern, den globalisierten Kapitalismus als unabänderliche Gegebenheit hinzunehmen? Gibt es einen philosophischen Ansatz, einen philosophischen Begriff des Menschen oder der Menschheit, die uns neue Perspektiven eröffnen können?

Alain Badiou: Als Antwort darauf möchte ich einfach auf einige Tatsachen hinweisen: Die Anführer der kommunistischen Bewegung waren immer auch Philosophen. Das trifft nicht auf alle Regierenden zu. Hollande oder Sarkozy kümmern sich nicht um Philosophie. Marx dagegen hat sich mit der Philosophie befasst. Lenin hat sich mit Philosophie befasst. Mao hat sich mit Philosophie befasst. Es steht also fest, dass die kommunistische Politik eine Verbindung zur Philosophie besitzt, die andere Politiken nicht besitzen. Und warum? Ganz einfach deswegen, weil sie die Möglichkeit einer Politik der gesamten Menschheit darstellt. Es geht ihr um das, was für alle Menschen gleichermaßen wahr sein kann, darum, Lösungswege zu finden, die für die gesamte Menschheit begehbar sind. Und diese Frage ist eine fundamental philosophische Frage. Sie kann politisch werden, aber sie ist von jeher philosophisch. Schon Platon hat sich bemüht, das zu erkennen, was für alle Menschen gut ist – also nicht bloß das, was nur einem Teil der Menschen zugutekommt.

Ich glaube also, dass es die Frage der Universalität ist, die in gewisser Weise die philosophischen und die kommunistisch-politischen Fragen vereint. Die Frage nach einem universellen Wert: Was ist ein wirklich universeller Wert? Man muss sich klarmachen, dass der Kommunismus eine Politik ist, die mit der Idee bricht, dass Politik immer die Politik einer einzelnen Gruppe ist, egal ob es sich dabei nun um Europa, Frankreich, die Bourgeoisie oder was auch immer handelt. Bis heute war jede Politik immer die Politik einer einzelnen Gruppe, und selbst wenn sie global ist – wie im Falle des globalisierten Kapitalismus – ist es noch immer die Politik einer einzelnen Klasse. Denn der globalisierte Kapitalismus liegt in den Händen einer sehr kleinen Gruppe.

Ich glaube also, dass dem Philosophen die Rolle eines „Spezialisten des Allgemeinen" *(spécialiste des généralités)* zukommt, wie es Auguste Comte ausgedrückt hat.[7] Oder sagen wir: eines Spezialisten der Universalität! Das ist der Grund, warum die kommunistische Ausrichtung in verschiedenen

Ausprägungen schon immer in der Philosophie existiert hat. Ich möchte daran erinnern, dass Platon selbst es war, der die kommunistische Idee in die politische Philosophie eingeführt hat, denn so wie die Regierenden ausschließlich das Gemeinwohl zu ihrer Angelegenheit zu machen hatten, mussten sie auch eine streng kommunistische Lebensführung einhalten. Dazu gehörte auch das Verbot von Privateigentum und so weiter. All das kann man in Platons *Staat* nachlesen.

Hier erscheint zum ersten Mal die Idee, dass die Politik streng an die Universalität gebunden sein muss. Von da an bis hin zu Rousseau, Marx und Hegel findet man diese Verknüpfung von Politik und Philosophie anhand der Kategorie der Universalität. Deswegen gibt es immer eine gewisse Komplizenschaft zwischen jener Philosophie, die die Idee der Universalität akzeptiert, und der Politik kommunistischer Prägung. Natürlich gibt es auch andere Philosophien! Es gibt skeptische oder relativistische Philosophien. Es gibt Philosophien, die die Idee der Universalität oder die Idee des Absoluten nicht akzeptieren und sich schließlich damit abfinden müssen, dass es Ungleichheit gibt, dass es Menschen gibt, die mehr verdienen als andere: „Da Gleichheit ohnehin unmöglich ist, ist es doch besser, dass die Leute, die gut sind, mehr Geld haben als die, die nicht gut sind." Aber für Philosophien, die so etwas vertreten – die eben keine Philosophien der Universalität sind – besteht auch keine wirkliche Notwendigkeit, politisch zu werden, denn die Politik, die schon immer die Ungleichheit sanktioniert hat, erhält diesen Zustand auch ohne ihre Hilfe.

Im Gegensatz dazu gibt es im Kommunismus eine viel festere Verbindung zwischen Philosophie und Politik, weil hier das Motiv der Gleichheit aller Menschen präsent ist – eine Präsenz, die zugleich die Existenz einer universellen

Wahrheit verbürgt. Das ist auch der Grund, warum die Feinde des Kommunismus ihm immer vorgeworfen haben, dass er sich zwar als eine Politik darstelle, in Wahrheit aber eine Philosophie sei. Man behauptet: „Das ist eine Utopie!" Und wenn man etwas „eine Utopie" nennt, will man damit sagen, es sei nicht real, nicht realistisch. Es ist wahr, dass Platon akzeptierte, dass diese Utopie nicht real war. Er gab zu, dass sie nicht existierte, aber seit dem 19. Jahrhundert wird diese Verbindung von Politik und Philosophie von der Politik selbst anerkannt, einerseits weil sie die Philosophie für notwendig erachtet und andererseits weil sie explizit für die Möglichkeit einer politischen Universalität eintritt. Deswegen lohnt es sich, sich für die Idee des Kommunismus zu engagieren, und deswegen hatte Sartre recht, als er sagte: „Jeder Antikommunist ist ein Hund!"[8]

Nachtrag

Peter Engelmann: Nach unserem Gespräch haben sich weitere besorgniserregende Entwicklungen in der internationalen Politik vollzogen. Das für viele vielleicht gravierendste Ereignis in diesem Zusammenhang, das Dich selbst sicher auch nicht wenig beunruhigt haben dürfte, ist die Wahl Donald Trumps zum Präsidenten der Vereinigten Staaten. Du kommst gerade frisch von einer Reise durch die USA. Kannst Du mir Deine Eindrücke von der dortigen Situation schildern?

Alain Badiou: Die Situation, die ich während meiner Vortragsreise[9] in den USA angetroffen habe, war tatsächlich sehr schockierend. Die meisten meiner Freunde sind weitaus linker als Hillary Clinton. Sie waren im Wahlkampf eher auf der Seite von Bernie Sanders und haben Hillary Clinton nur gewählt, um zu verhindern, dass Trump die Wahl gewinnt. Nun sieht man, dass selbst das nichts gebracht hat, dass es Trumps Sieg keineswegs verhindert hat, und sie sind entsetzt und äußerst bestürzt angesichts dieses Ergebnisses, denn sie haben nie wirklich damit gerechnet, dass Trump tatsächlich gewählt werden könnte. All die Umfragen sprachen gegen ihn, und trotz allem haben sie sich dazu entschlossen, für Hillary Clinton zu stimmen, daher sind sie nun natürlich völlig niedergeschlagen. Ein großer Teil meines Engagements bestand übrigens darin, Erklärungen vorzuschlagen und zu versuchen, rationale Erklärungen für all das zu finden, um aus diesem Trauma, diesem Schockzustand auszubrechen, indem ich mich bemühte, sie davon zu überzeugen, dass man sich dem Kampf stellen müsse und nicht in dieser Depression erstarren dürfe. Ich denke in dieser Hinsicht konnte ich eine nützliche Arbeit leisten.

Peter Engelmann: Man kann doch schnell den Eindruck gewinnen, dass die meisten von Trumps aggressiven Aussagen und selbst einige seiner vermeintlichen politischen Ziele vor allem Teil einer Wahlkampfstrategie waren, mit deren Hilfe es ihm gelungen ist, die sogenannten „Abgehängten", die Verlierer der kapitalistischen Gesellschaft auf seine Seite zu ziehen, indem er ihre Aggressionen und Frustrationen geschickt ausgenutzt hat. Glaubst Du, man muss jetzt wirklich eine faschistische Wende der amerikanischen Politik befürchten? Oder war das doch alles nur Show?

Alain Badiou: Ich denke, die Situation ist nicht ganz eindeutig. Ich würde dazu einfach Folgendes anmerken: Ein fundamentales Merkmal der faschistischen Politik liegt in der Verfügungsgewalt über eine eigene, unabhängige Partei. Die großen Faschismen hatten immer einen Parteiapparat unter sich, der ihnen vollkommen treu ergeben war. Ob man nun den Faschismus Mussolinis nimmt oder den Hitlers: Es gab niemals einen Faschismus, ohne einen vollständigen Parteiapparat. Das ist nun bei Trump nicht der Fall. Trump hat keinen eigenen Parteiapparat, er ist abhängig von den Republikanern, und außerdem ist er seit seiner Wahl gezwungen, komplizierte Verhandlungen zu führen, um eine Mehrheit zu bekommen. Man kann ihn also nicht als Faschisten im engeren Sinne des Begriffs bezeichnen, so wie jene Leute, die eine Machtergreifung nicht allein auf der

Basis ihrer Ideen und Aussagen, sondern auf der Basis einer soliden Organisation anstreben, die in der Lage ist, auf der Straße zu mobilisieren, aber zugleich eine ausreichenden Einfluss auf die Polizei und das Militär besitzt. Ich denke, Trump ist weit davon entfernt, einen solchen Einfluss zu haben. Man muss ihn im Augenblick eher als Demagogen der extremen Rechten bezeichnen, der es in der Tat geschafft hat, von den Stimmen derer zu profitieren, die vom kapitalistischen System Amerikas ausgeschlossen werden und die umso unzufriedener sind, weil sie bisher das Gefühl hatten, das ihre Zukunft von der Macht und dem Reichtum der Vereinigten Staaten garantiert sei. Sie sehen nun, dass das nicht der Fall ist, insbesondere seit der Krise von 2008, und dass sich auch die USA gezwungen sehen, ihre Industrie abzubauen, Arbeiter auf die Straße zu setzen und so weiter. Trump hat sich das zunutze gemacht. Und er konnte es deswegen, weil es von linker Seite keine Gegengewichte gibt. Das einzig mögliche Gegengewicht ist Bernie Sanders, aber er war eben nicht der Kandidat, und nicht nur das, er war noch dazu verpflichtet, den Wahlkampf Hillary Clintons zu unterstützen. Er musste also zwangsläufig als falsche, pseudo-unabhängige Alternative erscheinen, als einer, der erst die Jugend um sich versammelt hat, nur um sie dann davon überzeugen zu müssen, doch für Hillary Clinton zu stimmen. Dadurch hat er sich natürlich ein wenig selbst entwaffnet.

Ich denke also nicht, dass man sich auf eine faschistische Wende der amerikanischen Politik gefasst machen muss, zumindest wenn man Faschismus im strengen Sinne versteht. Man muss sich aber auf eine klassische Wendung der amerikanischen Politik hin zu einer aggressiven, nationalistischen und verstärkt imperialistischen Ausrichtung gefasst machen, vielleicht in Kombination mit einer etwas riskanten und leichtsinnigen Außenpolitik – ich denke da an gewisse Aussagen Trumps bezüglich der Beziehungen zu China und so weiter – und mit einer starken internen Bewegung gegen einige der sozialen Errungenschaften der amerikanischen Politik, wie zum Beispiel jenes Gesetz, das Obama erfolgreich auf den Weg gebracht hat, das immerhin ein klein wenig soziale Absicherung hinsichtlich der medizinischen Versorgung garantiert. All das scheint bedroht! Ich denke also an eine Art rechte Gegenströmung. In Frankreich hat man Trump oft mit Thatcher oder Reagan verglichen, mit den großen Reaktionären der 80er Jahre. Ich denke, es wird in etwa auf dasselbe hinauslaufen, nur mit einem etwas aggressiveren, populistischeren und nachlässigeren Vokabular. Auch wenn man also nicht gerade das Wort „faschistisch" gebrauchen muss, sind das mit Sicherheit keine guten Neuigkeiten.

Peter Engelmann: Du sprachst ja von Solidarität zwischen Geflüchteten, nomadischem Proletariat und zum Beispiel der Jugend und den Intellektuellen, aber die typischen Trump-Wähler stammen ja zum Großteil eher aus der weißen Arbeiterklasse der USA, gehören also weder zum Bildungsbürgertum noch zu denen, denen eine solidarisch oder sozial gesinnte Mittelklasse normalerweise Sympathien entgegenbringt. Wie kann man effektiv gegen diesen faschistischen Populismus im Westen vorgehen und diese Kluft in der Gesellschaft überbrücken?

Alain Badiou: Es stimmt zwar, dass der Großteil der Wähler Trumps aus der weißen Arbeiterklasse stammt, aber diese Stimmen alleine hätten noch nicht ausgereicht, um die Wahl zu gewinnen. Auch ein großer Teil der wohlhabenden Mittelschicht stand hinter ihm, da darf man sich keine Illusionen machen. Dennoch ist es wahr, dass gerade im

Falle des amerikanischen Wahlsystems einige wenige Staaten, in denen es viele Arbeiter gibt und die in der Tat einen Deindustrialisierungsprozess durchlaufen haben, besonders großen Einfluss auf den Ausgang der Wahl gehabt haben.

Nebenbei möchte ich bemerken, dass die Frage der Deindustrialisierung überhaupt von großer Bedeutung ist, und ich denke jetzt an Europa. In England zum Beispiel schreitet die Deindustrialisierung stark voran und ebenso in Frankreich. In den Gebieten, die besonders von der Deindustrialisierung betroffen sind, wie der Norden Frankreichs, die Lorraine oder die Gegend um Marseille, wählen viele den Front National, und ich wage zu sagen, dass es deswegen umso wichtiger ist, dass man diesen Wählern eine kommunistische Alternative bietet.

Wir befinden uns also im Augenblick in einer ernsten Situation, und das liegt zum Teil daran, dass die extreme Rechte überall auf der Welt versucht, Phänomene wie die Deindustrialisierung, die Frustration, die Armut in der Bevölkerung und so weiter zu ihren Gunsten auszunutzen. Dasselbe kann man in Südamerika beobachten, wo in den letzten Jahren all die eher links eingestellten Regierungen abgewählt wurden, weil sie der Unzufriedenheit der Bevölkerung nichts mehr entgegenzusetzen hatten. Nun haben vielleicht nicht gerade Faschisten, aber doch immerhin extreme Rechte, ihren Platz eingenommen. Und wenn ich von der Solidarität zwischen Geflüchteten, nomadischem Proletariat, der Jugend und den Intellektuellen spreche, dann zeigen die Fortschritte auf diesem Gebiet, dass es auf der anderen Seite noch sehr vieler Anstrengungen bedarf, um auch die klassische Arbeiterklasse wieder zu linken Hypothesen zurück zu führen. Sie steckt meiner Ansicht nach tief in reaktionären, nationalistischen oder xenophoben Denkmustern fest und das seit nunmehr 20, 30 Jahren. Es gibt eine rechte Kultur, die sich in diesen Gebieten festgesetzt hat. Bei uns in Frankreich ist der Front National nun schon lange in diesen Regionen präsent, daher ist heute viel Arbeit erforderlich, um erfolgreich gegen diese Tendenz vorgehen zu können. Das ist das Hauptproblem der Wiedererrichtung einer wahren europäischen Linken, denn wenn es ihr nicht gelingt, ihre populäre Basis zurückzugewinnen, bleibt sie eine ganz fragile und prekäre Kraft, die lediglich einen Teil der Jugend und der Intellektuellen umfasst.

Peter Engelmann: Die Schwäche der Linken stärkt also die Rechte?

Alain Badiou: Aber natürlich.

Peter Engelmann: Man muss also die Schwäche der Linken analysieren.

Alain Badiou: Die Schwäche der Linken steht mit dem Zusammenbruch des traditionellen Kommunismus in Zusammenhang. In den USA gab es zwar keinen Kommunismus, aber es existierte trotzdem eine Linke in Form der demokratischen Partei, die in der Tradition Roosevelts stand und für ein stärkeres Eingreifen des Staates in die Gesellschaft eintrat. Was das Vertrauen des Volkes in die Linke schließlich vollkommen erschüttert hat, ist der entfesselte ökonomische Liberalismus und die Tatsache, dass staatliche Maßnahmen zum Schutz der Schwächsten in der Gesellschaft mittlerweile fast überall verschwunden sind. Das heißt: der Schutz gegen Arbeitslosigkeit, etwas strengere arbeitsrechtliche Gesetzgebungen, die Kündigungen erschweren, die Sozialhilfe, die Gleichheit im Bildungswesen – all das ist im Begriff, überall vollständig zerstört zu werden, nicht nur in den USA, sondern auch in Frankreich. Und das ist nur möglich, weil die Menschen aus dem Volk, aus dem Arbeitermilieu nicht politisch organisiert sind. Das liegt auf der Hand. Aber die großen Parteien wie die deutschen Sozialdemokraten, die ja keine kommunistischen Parteien sind, sind offensichtlich geschwächt. Und diese immerhin ziemlich ernste und angespannte politische Situation, in der wir uns heute befinden, ist im Kern die Folge eines Niedergangs der klassischen Linken in Europa und überall sonst auf der Welt, sei es nun die sozialdemokratische oder die kommunistische Linke. Die Folge ist, dass die Bevölkerung sich in immer stärkerem Maße auf die Seite der extremen Rechten schlägt.

Peter Engelmann: Du meinst also, dass die Arbeiterklasse, die traditioneller Weise durch die Linke repräsentiert wurde, nun im Begriff ist, ins Lager der Rechten hinüberzuwechseln, weil ihr die Linke keine Lösungen mehr anzubieten hat?

Alain Badiou: Es ist ganz offensichtlich, dass die Linke sich allmählich überall der Rechten anpasst. Das ist das Problem, und davon bist Du ja auch nicht ganz unbetroffen(lacht). Das ist eben das Resultat eines hartnäckigen Antikommunismus.

Peter Engelmann: Aber Du glaubst doch nicht, dass die Wurzel des Problems in der Tatsache zu suchen ist, dass der Versuch, eine sozialistische oder kommunistische Gesellschaft zu errichten, gescheitert ist?

Alain Badiou: Doch, ich denke das ist vielleicht das Hauptproblem.

Peter Engelmann: Und Du meinst, dass die Analyse der Probleme, die zum Fall der Linken geführt haben, dazu beitragen könnte, Ideen für eine neue Linke zu entwickeln?

Alain Badiou: Dabei spielt die Bilanz, die man aus den vergangenen Ereignissen zieht, ganz sicher eine wichtige Rolle, aber bisher besteht diese Bilanz einzig und allein darin, alles zu verwerfen, und wenn man alles verwirft, dann endet man eben in einer Situation wie der, die wir gerade beobachten können, wo die einzige Alternative, die die Menschen vor Augen haben und die nicht Teil des herrschenden Systems ist, von der extremen Rechten offeriert wird. Die Menschen sind also unzufrieden mit dem demokratisch-kapitalistischen System in seiner aktuellen Form, und sie haben gute Gründe, unzufrieden zu sein: die Deindustrialisierung, die Abschaffung der sozialen Absicherungen und so weiter. Sie sehen, dass von linker Seite nichts kommt, also orientieren sie sich an denen, die sich als „die Neuen" präsentieren.

Die einzige politische Kraft, die heute im politischen Diskurs in Frankreich das Wort „Arbeiter" in den Mund nimmt, ist die extreme Rechte. Solche Kategorien sind bei den Linken vollkommen verschwunden. Von der Linken ist nichts mehr übrig als ein verschwommener Demokratismus. Und wie soll sie sich in diesem Zustand, wenn es zu einer großen Krise der kapitalistischen Gesellschaft kommt, darstellen, als sei sie in der Lage, die Gesellschaft zu führen? Bei uns in Frankreich haben wir seit Jahren sozialistische Regierungen, und in Deutschland gibt es Koalitionen von Sozial- und Christdemokraten, folglich haben diese Kräfte die gegenwärtige Situation mit zu verantworten.

Peter Engelmann: Eine Reformierung der Linken zugunsten einer solidarischen Gesellschaft erfordert mit Sicherheit eine radikale politische Kehrtwendung. Warum geißelt sich die Linke stattdessen selbst?

Alain Badiou: Erstens ist die Linke indirekt von den Auswirkungen des Zusammenbruchs der sozialistischen Staaten betroffen, das ist ganz sicher, und zweitens ist sie allmählich zu der Überzeugung gelangt, dass sie ein Teil der bestehenden Ordnung ist; sie ist zu einer regierenden Linken geworden, und das ist sie noch immer. Damit sie es schafft, eine neue Perspektive zu entwickeln, ist es dringend nötig, dass sie sich ganz klar außerhalb des herrschenden Systems positioniert. Genau das macht auch die extreme Rechte, selbst Trump behauptet, er sei gegen das Establishment. Man muss wieder von vornherein klarstellen, dass man sich von diesem System distanziert.

Peter Engelmann: Du meinst, mithilfe einer solidarisch-kommunistischen Perspektive für die Linke?

Alain Badiou: Ja, da bin ich ganz sicher, denn ich glaube, anders wird es nicht möglich sein, die Leute davon zu überzeugen, dass sich das Programm der Linken überhaupt vom bestehenden System unterscheidet. Und dieses System ist wirklich krank.

Peter Engelmann: Aber was erwiderst Du Leuten, die dem zwar zustimmen, sich aber noch sehr gut daran erinnern, dass alle sozialistischen Versuche in Katastrophen geendet sind?

Alain Badiou: Mir erscheint dieses Argument nicht sehr schwerwiegend. Sicher sind diese Versuche einige Male misslungen, aber das Regime unter dem Gesetz des Privateigentums besteht schon seit Jahrtausenden, es hat immer existiert; das kommunistische Regime dagegen kann erst auf 70 Jahre Erfahrung zurückblicken. Da ist es doch kaum verwunderlich, dass es nicht so einfach ist und dass man anfangs scheitern muss. In Anbetracht der Tatsache, dass der Kapitalismus immerhin die herrschende Struktur ist, beeindruckt mich dieses Scheitern kaum. Das ist ganz natürlich, und gescheiterte Versuche gab es auch schon vorher, zum Beispiel im 19. Jahrhundert, wo man die Arbeiteraufstände blutig niedergeschlagen hat, wie etwa im Fall der Pariser Kommune. Wir befinden uns also erst ganz am Anfang eines gewaltigen historischen Prozesses, in dem es darum geht, sich von den Formen der Ungleichheit und der Unterdrückung, die jede wirkliche Gemeinschaft verhindern und die die Menschheit seit Beginn ihrer historischen Existenz geprägt haben, zu befreien. Natürlich ist es wichtig, darüber nachzudenken, warum man gescheitert ist, man muss ohne Zweifel die Organisationsformen kritisieren, man muss auf die Frage der leninistischen Partei zu sprechen kommen und so weiter. Es gibt viel zu tun im Namen dieses Prozesses, aber man darf nicht einfach vollständig aufgeben, denn wenn man aufgibt, hat man eigentlich auch kein Recht, sich über die Existenz des Faschismus zu beklagen.

Peter Engelmann: Gerade der Verweis auf das Gemeinwohl scheint ja die für den Populismus empfänglichen Protestwähler zu erzürnen, wenn sie zum Beispiel über die sogenannten „Gutmenschen" schimpfen. Wie kann man diesen Menschen den Gedanken an eine solidarische Politik wieder nahebringen?

Alain Badiou: Das ist in der Tat eine sehr schwierige Aufgabe, aber eine, der man sich stellen muss, und dazu muss man sich mit den Problemen auseinandersetzen, die diese Menschen unmittelbar betreffen. Man muss ihnen zeigen, dass die Vorschläge der extremen Rechten in Wirklichkeit keineswegs in ihrem Interesse sind. Man muss den Diskurs der extremen Rechten, der in Wahrheit vollkommen reaktionär ist, der liberal ist, ohne solidarisch zu sein, Punkt für Punkt bekämpfen. Dagegen muss man auf der anderen Seite zeigen, dass unser Vorschlag, dass unser neues Programm wirklich dazu beiträgt, ein neues Terrain zu erschließen, eine neue Seinsweise der Politik und der Gemeinschaft.

Ich denke, man muss vielleicht eine neue Sprache erfinden oder wiederfinden; das ist eine schwierige Frage, denn man kann nicht einfach wieder auf die Sprache der Linken zurückgreifen, da sie verbraucht ist und die Leute nicht mehr an sie glauben, weil sie sehen, dass die Linke auf offizieller Ebene Teil der Staatsmaschinerie ist. Man muss eine neue Sprache erfinden. Vielleicht kann man einzelne Elemente dieser neuen Sprache im alten Kommunismus des 19. Jahrhunderts finden, eher als im Staatskommunismus des 20. Jahrhunderts, denn Marx' Ideen hatten wenig mit denen des stalinistischen Staates gemein, es waren Ideen von freier Assoziation, von gemeinschaftlicher demokratischer Organisation und so weiter. Man sollte zu dieser Sprache zurückkehren, schließlich ist sie die authentische Sprache der kommunistischen Politik.

Peter Engelmann: Dein Freund und Kollege Slavoj Žižek hat in einem Interview gesagt, dass er Trump sogar Hillary Clinton vorziehen würde, weil Sie in seinen Augen die totale Verkörperung des Establishments darstellt und nur dafür sorgen würde, dass alles so weitergeht wie bisher. Dagegen könnte die Wahl Trumps die Menschen vielleicht wachrütteln.[10] Wie siehst Du das? Glaubst Du an ein „großes

Erwachen“ in den USA infolge dieser Wahl? Gibt es einen positiven Aspekt dieses Wahlergebnisses?

Alain Badiou: Ich bin da vollkommen anderer Ansicht als Slavoj Žižek, denn ich denke, dass man der fatalistischen Politik niemals beipflichten darf. Zu sagen, ich stimme für Trump, weil ein Sieg Trumps so fatal wäre, dass als Reaktion darauf wieder Gutes zum Vorschein kommen müsse, halte ich für politisch unhaltbar. In gewisser Weise ist das genau das, was die Kommunistische Partei Deutschlands in den 30er Jahren getan hat: Sie sagte, nicht Hitler sei der wahre Feind, sondern die Sozialdemokraten. Das sollte man nicht vergessen. Im Grunde war die Kommunistische Partei damals nah dran, zu behaupten, dass es nicht schlimm sei, für Hitler zu stimmen, da er ohnehin nicht lange im Amt bleiben werde und man sich ja vielmehr vor den Sozialdemokraten in Acht zu nehmen habe. Für mich geht das, was Žižek gesagt hat, in eine ähnliche Richtung, und ich finde es unverantwortlich. Es ist unverantwortlich zu behaupten, man wähle einen Schurken, weil man glaubt, dass das die Menschen dazu bewegen würde, Widerstand zu leisten. Wenn man möchte, dass die Menschen Widerstand leisten, muss man ihnen echte, positive Gründe dafür geben. Das ist nun mal die Arbeit, die getan werden muss, und darauf zu zählen, dass die negative Propaganda der extremen Rechten einem diese Arbeit abnehmen könnte, halte ich für ein sehr gefährliches Kalkül. Das ist ein absoluter Trugschluss, und ich bin vollkommen dagegen. Das ist eine Idee, für die man vielleicht sehr teuer bezahlen muss.

Peter Engelmann: In Amerika gab es zahlreiche Proteste nach der Wahl. Geht da gerade ein Ruck durch die Gesellschaft, der vielleicht die latenten Kräfte – zum Beispiel die Jugend – aufwecken könnte?

Alain Badiou: Das glaube ich kaum. Am Wahltag selbst oder in den darauf folgenden Wochen haben zwar junge Leute auf den Straßen demonstriert, aber diese Proteste sind mittlerweile vollständig zum Erliegen gekommen. Mittlerweile begreifen die Leute, dass das Problem nicht durch ein paar Demonstrationen gelöst werden kann, sondern dass es darum geht, wieder eine allgemeine politische Perspektive zu entwerfen. Und natürlich muss man sich gegen Trump engagieren, das ist klar. Aber darin liegt auch eine große Gefahr. Ich denke, dass der Widerstand gegen Trump, genau wie der gegen Le Pen in Frankreich, von einem großen Teil der gebildeten Jugend ausgeht. Nicht von der gesamten Jugend, sondern von der studentischen Jugend.

Ich habe nach den Wahlen in Boston an einer großen Versammlung mit Bernie Sanders teilgenommen, bei der das Publikum zum allergrößten Teil aus Studenten bestand. Die weniger gebildete Jugend war kaum vertreten. Wenn man also von der Jugend spricht, muss man sich darüber im Klaren sein, dass es sich dabei um jenen Teil der Jugend handelt, für den das Demonstrieren eine lange Tradition hat und der seinem Wesen nach studentisch ist; eine Gruppe, die in Europa und in den USA zwar sehr wohl einen gewissen Einfluss besitzt, die aber letztendlich nur einen kleinen Teil der Bevölkerung ausmacht. Ich denke, dass dieser Teil der Jugend in der Tat aktiv werden und sich organisieren wird, aber es wird wichtig sein, dass er einen Schritt weitergeht, dass er sich mit anderen verbündet, mit anderen spricht und sich nicht verschließt, denn wenn er sich isoliert, bleibt er eine kleine Minderheit.

Anmerkungen

1 Badiou gebraucht hier im Französischen den Begriff *„travailleur polymorphe"*. Bei Marx gibt es jedoch kein unmittelbares deutsches Äquivalent dieses Begriffes. Heinz Jatho übersetzt *„travailleur polymorphe"* in der deutschen Ausgabe von Badious Buch *Platons „Staat"* (Alain BADIOU, *Platons „Staat". Dialog in einem Prolog, sechzehn Kapiteln und einem Epilog,* Zürich–Berlin: Diaphanes 2013, S. 154.) mit dem Marxschen Terminus „Gesamtarbeiter". Es ist jedoch kaum anzunehmen, dass das hier gemeint ist. Der Gesamtarbeiter – in der französischen Übersetzung des Kapitals (zum Beispiel in der von Marx selbst durchgesehenen Übersetzung von Joseph Roy) mit *„travailleur collectif"* übersetzt – ist nämlich gerade nicht das emanzipierte Individuum in der kommunistischen Gesellschaft, dem es möglich ist „heute dies, morgen jenes zu tun, morgens zu jagen, nachmittags zu fischen, abends Viehzucht zu treiben, nach dem Essen zu kritisieren, [...] ohne je Jäger, Fischer, Hirt oder Kritiker zu werden." (Karl MARX, Friedrich ENGELS, *Deutsche Ideologie,* MEW Bd. 3, Berlin: Dietz 1958, S. 33.) Der Gesamtarbeiter ist vielmehr die abstrakte Figur des Zusammenwirkens der spezialisierten Teilarbeiter, die gemeinsam ein Produkt erzeugen, zu dem sie selbst nicht mehr in unmittelbarem individuellen Bezug stehen, das ihnen – in der Sprache des frühen Marx ausgedrückt – also gewissermaßen entfremdet ist. Im Kapital heißt es dazu: „Wie im Natursystem Kopf und Hand zusammengehören, vereint der Arbeitsprozess Kopfarbeit und Handarbeit. Später scheiden sie sich bis zum feindlichen Gegensatz. Das Produkt verwandelt sich überhaupt aus dem unmittelbaren Produkt des individuellen Produzenten in ein gesellschaftliches, in das gemeinsame Produkt eines Gesamtarbeiters, d. h. eines kombinierten Arbeitspersonals, dessen Glieder der Handhabung des Arbeitsgegenstandes näher oder ferner stehen. Mit dem kooperativen Charakter des Arbeits-

prozesses selbst erweitert sich daher notwendig der Begriff der produktiven Arbeit und ihres Trägers, des produktiven Arbeiters. Um produktiv zu arbeiten, ist es nun nicht mehr nötig, selbst Hand anzulegen; es genügt Organ des Gesamtarbeiters zu sein, irgendeine seiner Unterfunktionen zu vollziehen. (Karl MARX, *Das Kapital. Kritik der politischen Ökonomie,* MEW Bd. 23, Berlin: Dietz 1962, S. 531.) Da es Badiou an dieser Stelle auf eine Transformation der kapitalistischen Form der Arbeitsteilung abgesehen hat, kann der Begriff des „Gesamtarbeiters" hier kaum plausibel erscheinen, denn er steht zur kapitalistischen Arbeitsteilung keineswegs im Widerspruch – im Gegenteil. Marx selbst spricht hinsichtlich des emanzipierten Arbeiters, den Badiou hier eher im Auge hat, zum Beispiel von „allseitig sich entwickelnden Individuen" (MARX, *Deutsche Ideologie,* S. 424.) oder vom „total entwickelte[n] Individuum für welches verschiedene gesellschaftliche Aufgaben einander ablösende Betätigungsweisen sind." (MARX, *Kapital,* S. 512.) *(A. d. Ü.)*

2 Karl MARX, Friedrich ENGELS, *Manifest der Kommunistischen Partei,* MEW Bd. 4, Berlin: Dietz 1959, S. 479.

3 Gemeint sind die zentralafrikanische Währung CFA-Franc BEAC sowie die westafrikanische Währung CFA-Franc BCEAO. Die Länder, in denen diese Währungen gelten, bilden zusammen die CFA-Franc-Zone. *(A. d. Ü.)*

4 Badiou zitiert Jaurès hier etwas anders, als das gewöhnlich getan wird. Meistens heißt es: *„Der Kapitalismus* trägt den Krieg in sich, wie die Wolke den Regen" Beide Versionen sind allerdings nicht ganz korrekt. Der originale Wortlaut ist: *„Toujours votre société violente et chaotique, même quand elle veut la paix, même quand est à l'état d'apparent repos, porte en elle la guerre, comme une nuée dormante porte l'orage."* (Jean JAURÈS, „7 mars 1895, à la Chambre des communes", in: *Textes choisis,* Paris: Les Éditions sociales 1959, S. 88.) – Auf Deutsch ungefähr: „Immer trägt eure Gesellschaft, die gewalttätig und chaotisch ist, selbst wenn sie den Frieden will, selbst wenn sie sich scheinbar im Zustand der Ruhe befindet, den Krieg in sich, wie die schlafende Wolke das Gewitter." *(A. d. Ü.)*

5 Der französische Ausdruck *„bien commun"* kann im Französischen sowohl „Gemeinwohl" als auch „Gemeingut" bedeuten. In Badious Verwendung klingt mal mehr die eine, mal mehr die andere Bedeutung an. Auch wenn *„bien commun"* mit der in den jeweiligen

Einzelfällen naheliegenderen Bedeutung übersetzt wurde, sollte man doch immer beide Bedeutungen im Hinterkopf behalten. *(A. d. Ü.)*

6 Es ist unklar, auf welche Stelle sich Badiou hier bezieht. *(A. d. Ü.)*

7 Badiou bezieht sich hier auf Comtes Hauptwerk, den *Cours de la philosophie positive.* Wortwörtlich taucht der *spécialiste des généralités* darin zwar nicht auf, sehr wohl aber das Konzept eines solchen, also eines Philosophen, der die allgemeinen Gesetzmäßigkeiten der Einzelwissenschaften und ihre Zusammenhänge untereinander zu überblicken vermag. Für Auguste Comte war es angesichts der zunehmenden Spezialisierung der Einzelwissenschaften, in der er eine Ausprägung der sich weiterentwickelnden gesellschaftlichen Arbeitsteilung sah, notwendig, eine eigene Spezialdisziplin zu entwickeln, deren Aufgabe es sein sollte, den Geist *(esprit)* der jeweiligen Spezialdisziplinen, also gewissermaßen ihre allgemeinen und unveränderlichen Wesensgesetze, herauszuarbeiten. *(„[...] faire de l'étude des généralités scientifiques un grande spécialité de plus".)* Diese Aufgabe sollte nun der Philosophie im Sinne der positiven Philosophie, wie Comte sie im *Cours* konzipiert hatte, zufallen: *„Telle est la manière dont je conçois la destination de la philosophie positive dans le système général des sciences positives proprement dites. Tel est, du moins, le but de ce cours.*"Vgl.: Auguste COMTE, *Cours de la philosophie positive,* Band 1: Project Gutenberg, S. 49-52, unter: http://www.gutenberg.org/ebooks/31881#download (abgerufen am 08.02.2017). *(A.d.Ü.)*

8 Diese häufig zitierte oder paraphrasierte Äußerung Sartres lautet im Original: *„un anticommuniste est un chien, je ne sort pas de là, je n'en sortirai plus jamais.*" Sie findet sich in einem Text über Merleau-Ponty, der erstmals 1961 in Sartres Zeitschrift *Les Temps Modernes* erschien. Jean-Paul SARTRE, „Merleau-Ponty", in: *Situations IV,* Paris: Gallimard 1964, S. 248–49. *(A. d. Ü.)*

9 Die Vorträge dieser Reise sind zum Teil dokumentiert in: Alain BADIOU, *Trump. Der Tag der Wahl,* Wien: Passagen Verlag 2017. *(A.d.Ü.)*

10 *„That's my desperate, very desperate hope, that if Trump wins ... Listen, America is still not a dictatorial state, he will not introduce fascism. But it will be a kind of big awakening. New political processes will be set in motion, will be triggered.*" Slavoj ŽIŽEK, unter: http://zizek.uk/slavoj-zizek-would-vote-for-trump (abgerufen am 08.02.2017).